Der Heilungsweg des Evangeliums

Christa Schneider

Der Heilungsweg des Evangeliums

Eine Möglichkeit für alle Kranken –
aufgezeigt am Beispiel MS

ch. falk verlag

Originalausgabe
© ch.-falk-verlag, seeon 1997

Umschlaggestaltung: Josef Nysten-Riess
unter Verwendung eines Gemäldes
eines Unbekannten

Satz: Plejaden Publishing Service, Boltersen
Druck: Druckerei Sonnenschein, Hersbruck

Printed in Germany
ISBN 3-89568-033-8

Inhaltsverzeichnis

Krankheit und Seele   7

Krankenprotokolle   23
    Wenn die Beine betroffen sind   23
    Die Gleichgewichtsstörung hat sich verstärkt   49
    Wenn die Blase betroffen ist   50
    Wenn die Augen betroffen sind   50
    Taubheit – Gefühlsstörungen   65
    Wenn die Hände betroffen sind   68

Erkennen und Handeln   74

Zum Abschluß: Bericht einer jungen Mutter   92

Krankheit und Seele

Was für viele von uns zunächst unglaublich erscheint, wird ganz einfach und klar, wenn wir zwei Grundaussagen verstehen lernen:

1. Die Ursache der Krankheit ist auf der seelischen Ebene zu finden.
2. Die Heilungsberichte des Evangeliums beschreiben die innere Wirklichkeit des Menschen.

Zu 1.:
Irgendwann haben wir alle schon einmal davon gehört, daß der Mensch eine Einheit aus Körper, Seele und Geist ist. Und dennoch trennen wir in unserer Vorstellung den Körper von Seele und Geist, die sichtbare Materie von dem geistigen Unsichtbaren. Es fällt uns schwer, diese beiden so verschiedenen Seinsebenen als Einheit zu sehen. Ein Zitat von dem Physiker und Atomforscher Max Planck hilft uns diese Zusammenhänge zwischen Körper, Seele und Geist besser verstehen zu lernen:

> *Als Physiker, also als Mann, der sein ganzes Leben der nüchternen Wissenschaft von der Erforschung der Materie widmete, bin ich sicher von dem Verdacht frei, für einen Schwarmgeist gehalten zu werden. Und so sage ich nach meinen Erforschungen des Atoms folgendes:* **Es gibt keine Materie an sich!** *Alle Materie entsteht und besteht nur durch eine Kraft, welche die Atomteilchen in Schwingungen bringt*

und sie zum winzigsten Sonnensystem des Atoms zusammenhält. Da es aber im ganzen Weltall weder eine intelligente noch eine ewige Kraft gibt – es ist der Menschheit nie gelungen, das heißersehnte Perpetuum mobile zu erfinden –, so müssen wir hinter dieser Kraft einen bewußten Geist annehmen. **Dieser Geist ist der Ursprung aller Materie.** *Nicht die sichtbare, aber vergängliche Materie ist das Reale, Wahre und Wirkliche, sondern der unsichtbare, unsterbliche Geist ist das Wahre.*

Da es aber Geist an sich nicht geben kann und jeder Geist einem Wesen angehört, so müssen wir zwingend Geistwesen annehmen. Da aber auch Geistwesen nicht aus sich selbst sein können, sondern geschaffen worden sein müssen, so scheue ich mich nicht, diesen geheimnisvollen Schöpfer ebenso zu nennen, wie ihn alle alten Kulturvölker der Erde genannt haben: **Gott.**

Die jüngste Wissenschaft bestätigt uns also, daß alles, was ist, aus Gottes Geist entstanden ist. Jede einzelne Zelle des Universums, auch die Zellen unseres Körpers, entstehen und bestehen allein aus einer geistigen Kraft. Das Reale und Wirkliche der Materie befindet sich also auf der gleichen Ebene von Seele und Geist. Durch diese Erkenntnis können wir die Einheit von Körper, Seele und Geist besser verstehen und uns auch vorstellen, daß unser Körper in Wirklichkeit ein absolut wahrhaftiger Ausdruck des geistig-seelischen Menschen ist.

Wenn wir traurig sind oder froh, wütend oder schlecht gelaunt, dann werden diese Seelenzustände im Körper deutlich sichtbar. Ob wir lachen oder weinen, immer finden wir zu dem, was der Körper zum Ausdruck bringt, eine seelische Entsprechung. Wie ausdrucksvoll unser Körper sein kann, das zeigt uns eine Ballettaufführung oder die Pantomime. Menschen, die sich eingehend mit der Körpersprache beschäftigt haben, können schon an der Haltung oder am Gang eines Menschen auf sein Inneres schließen.

Sollte diese Einheit von Körper, Seele und Geist im Krankheitsfalle dann nicht mehr zutreffen? Ist es nicht logisch, daß ein Krankheitsanzeichen ebenfalls ein wahrhaftiger Ausdruck des inneren Menschen sein muß? An einem ganz einfachen Beispiel können wir diese Zusammenhänge klar erkennen.

Angenommen, wir befinden uns in einer guten körperlichen Verfassung, und plötzlich erreicht uns eine schlechte Nachricht. Diese seelische Erschütterung kann in kurzer Zeit ein körperliches Unwohlsein verursachen. Vielleicht sind wir sprachlos, es verschlägt uns den Atem, und ein Asthmatiker bekommt in diesen Situationen einen Anfall. Anderen schlägt so eine schlechte Nachricht auf den Magen; ihnen vergeht der Appetit. So etwas kann uns auch ans Herz gehen und Herzbeschwerden verursachen oder bis in den Darm durchschlagen.

Auch in diesem Fall läßt sich erkennen, daß der Körper ein wahrhaftiger Ausdruck unserer Seele ist. Es gibt tatsächlich neben der Körpersprache die sogenannte Organsprache. In unserem Sprachgebrauch kennen wir Redewendungen, die uns diese Analogie zwischen Körper und Seele beschreiben:

> Das macht ihm Kopfweh.
> Er kann nicht klar sehen.
> Er hat die Nase voll.
> Sich etwas vom Halse halten.
> Das kann er nicht schlucken.
> Das zieht ihm den Hals zu.
> In den falschen Hals geraten.
> Ihm ist ein Stein vom Herzen gefallen.
> Sein Herz springt vor Freude.
> Es zerbricht ihm das Herz.
> Es liegt ihm schwer im Magen.
> Das kann er nicht verdauen.

> Es dreht sich ihm der Magen um.
> Ihm ist etwas über die Leber gelaufen.
> Beleidigte Leberwurst.
> Uns geht leicht die Galle hoch.
> Das geht uns an die Nieren.
> Er ist so starr und kann sich nicht bewegen.
> Man ist ihm auf die Zehen getreten.

Obwohl diese Redewendungen mit Worten einen körperlichen Vorgang beschreiben, beziehen sich die Aussagen auf ein seelisches Geschehen. Und wenn wir umgekehrt im Krankheitsfalle die Zeichen unserer Seele verstehen wollen, können uns diese Redewendungen sehr hilfreich sein.

Haben wir beispielsweise Magenbeschwerden, dann sollten wir uns also fragen:

> Was bereitet unserer Seele Schmerzen?
> Was liegt uns so schwer auf der Seele?
> Was können wir nur schwer verdauen?

Anfangs wird es uns allerdings Schwierigkeiten bereiten, die Zeichen unserer Seele richtig zu deuten. Nun gibt es glücklicherweise Menschen, die sich mit der Organsprache näher befaßt und ihre Erkenntnisse für uns Anfänger aufgeschrieben haben. Diese Bücher sind für den Anfang sehr hilfreich. Auf ein paar möchte ich an dieser Stelle hinweisen:

Gesundheit als geistliche Aufgabe von Pater Anselm Grün OSB, Vier-Türme-Verlag, Münsterschwarzach
Krankheit als Weg von Thorwald Dethlefsen und Rüdiger Dahlke, Bertelsmann Verlag

Krankheit als Sprache der Seele von Dr. Rüdiger Dahlke,
    Bertelsmann Verlag
Krankheit als Symbol – Handbuch der Psychosomatik
    von Dr. Rüdiger Dahlke, Bertelsmann Verlag
Was dir deine Krankheit sagen will von Kurt Tepperwein,
    mvg-verlag
Die Botschaft deines Körpers von Kurt Tepperwein, mvg-verlag
Gesundheit für Körper und Seele von Louise Hay, Heyne Verlag

Die Ausführungen in diesen Büchern können uns aber immer nur allgemeine Hinweise geben, so daß wir unsere persönlichen oft unbewußten seelischen Disharmonien auch mit dieser Hilfe nicht erkennen können.

Zu 2.:
Im Buch der Bücher wird uns nun ein ganz persönlicher Heilungsweg beschrieben. Dazu müssen wir zunächst erkennen, daß die Heilungsberichte des Evangeliums die innere Wirklichkeit des Menschen beschreiben. Uns wird von menschlichen Problemen und Verhaltensweisen berichtet, die unseren eigenen Problemen und Verhaltensweisen entsprechen.

Bei den folgenden Darlegungen berufe ich mich auf die Münsterschwarzacher Kleinschriften, insbesondere auf die Bücher:

Tiefenpsychologische Schriftauslegung von Pater Anselm Grün
Die Bibel als Heilungsbuch von Pater Guido Kreppold

Wenn wir erkennen, daß die Heilungsberichte eine innere Wirklichkeit von uns selbst beschreiben, dann wird alles ganz einfach und klar. Die Aussagen der Bibel und die Ursache der Krankheit befinden sich dann auf einer Ebene, und wir können sehr leicht den Bezug zu uns selbst herstellen.

Nehmen wir zuerst das Gleichnis vom verlorenen Sohn (Luk. 15, 11-32).

Uns wird darin von einem Vater berichtet, der zwei Söhne hat. Der eine Sohn läßt sich sein Erbteil vom Vater auszahlen und zieht damit in die Welt hinaus. Durch ein lockeres Leben verpraßt er sein Erbe und endet nach kurzer Zeit in Armut, Verzweiflung und Leid. Der Seelenzustand des leidenden Sohnes beschreibt eine Wirklichkeit, die jeder Mensch kennt. Die Trauer, das Leid, die Verzweiflung, die Angst, die Hoffnungslosigkeit und die Einsamkeit sind Zustände, die wir alle schon einmal erfahren haben.

Auch der daheimgebliebene und rechtschaffene Sohn offenbart uns eine innere Wirklichkeit von uns allen. Er fühlt sich vom Vater ungerecht behandelt und benachteiligt, er erhebt sich über seinen Bruder und kann ihm nicht so einfach vergeben. Fast täglich verurteilen auch wir Menschen wegen ihrer Schwächen und ihrer Fehlerhaftigkeit. Oder wir fühlen uns benachteiligt und sind auf andere neidisch und eifersüchtig. Diese Schwierigkeiten mit unseren lieben Mitmenschen kennen wir alle.

Wenden wir uns nun dem Vater zu. Die innere Wirklichkeit des Vaters wird uns als eine Liebe beschrieben, die selbst bei schweren Verfehlungen noch verstehen und verzeihen kann. Auch wir kennen die Liebe, auch wir können verstehen und verzeihen. In welchem Maße allerdings, das hängt von der Reife des Menschen ab. Ist die Liebe stark an Bedingungen geknüpft, dann ist die Liebe noch sehr menschlich und unvollkommen. Eine Liebe, die von großer Güte und Barmherzigkeit geprägt ist, kommt der Liebe des Vaters, der göttlichen Liebe, sehr nahe. Je bedingungsloser die Liebe ist, umso reifer und vollkommener ist sie.

„Wer in der Liebe ist, der ist in mir und ich in ihm!" Wenn wir in der Liebe sind, dann sind wir in der Wirklichkeit des Vaters, und die Wirklichkeit des Vaters ist in uns. Wir befinden uns im Vaterhaus.

Wir alle kennen den Zustand der Liebe, der uns so froh, zufrieden und glücklich sein läßt und in dem wir uns so geborgen fühlen. Sobald wir aber durch innere Widerstände an die Grenzen unserer Liebe stoßen, fallen wir aus diesem paradiesischen Zustand heraus in die Verurteilung oder in das Leid. Alle negativen Gefühle sagen uns im Grunde nur eines: Wir sind aus der Liebe herausgefallen und zum leidenden Sohn geworden.

Sind wir krank, dann ist das ein Zeichen dafür, daß unsere Seele krank ist und irgendwie leidet. Vielleicht ist sie krank vor Angst oder durch zu viel Sorgen, krank durch Kritik- und Nörgelsucht, durch Mißgunst, Verbitterung und vieles mehr. Der Möglichkeiten gibt es viele. Aber immer sind es seelische Konflikte, die durch inneren Widerstand entstehen. Wenn wir unzufrieden sind, dann können wir mit einem Zustand oder einer Sache nicht einverstanden sein. Wenn wir Angst haben, dann wollen wir mit einer Seite des Lebens nicht in Berührung kommen. Wir widerstehen, und wir befinden uns somit in einem Konflikt.

Durch ungelöste Konflikte aber werden wir krank. Eine akute Krankheit will uns auf ungelöste akute Konflikte hinweisen, und durch chronische Konflikte, die bewußt oder unbewußt vorhanden sind, entstehen chronische Krankheiten.

Doch ganz gleich aus welchen Grund unsere Seele leidet, sie erfährt sofort Befreiung und Erlösung, wenn sie in die Wirklichkeit des Vaters zurückkehrt. Das leuchtet uns ein. Um heil zu werden, müssen wir ins Vaterhaus bzw. in die Liebe und in den inneren Frieden zurückkehren. Denn wenn wir in der Liebe sind, dann befinden wir uns in der göttlichen Ordnung und Harmonie. Und der Körper wird diese innere Ordnung und Harmonie wahrheitsgemäß zum

Ausdruck bringen. Wie der Körper das macht, darüber brauchen wir uns keine Gedanken zu machen. Er ist immer wahrhaftiger Ausdruck der Seele und folgt diesem inneren Gesetz. So wie er in der Lage ist, durch komplizierte körperliche Vorgänge ein Symptom zu erzeugen, um unsere seelische Disharmonie zum Ausdruck zu bringen, so ist es ihm im Grunde viel leichter möglich der inneren Harmonie zu entsprechen. Viel schwieriger ist es jedoch, in die innere Harmonie zu finden.

Im weiteren Verlauf des Gleichnisses wird uns aber auch beschrieben, auf welche Weise der leidende Sohn ins Vaterhaus zurückkehrt. Er besinnt sich zunächst darauf, daß es den Vater gibt. Jeder Tagelöhner im Hause des Vaters hat mehr als genug, heißt es.
 Auch für uns ist es zunächst wichtig, daß wir uns darauf besinnen, daß es den Vater gibt. *„Das Reich Gottes ist nahe"*, sagt Jesus, und es bleibt völlig unserer Vorstellung überlassen, wie nahe. Mit einem Ozean, in dem Eisberge schwimmen, können wir das Reich Gottes vergleichen. Die Eisberge sind das Wasser des Ozeans, nur in verfestigter Form. Denn wie wir alle wissen, kann Wasser den festen, den flüssigen oder den gasförmigen Zustand annehmen.
 Das Reich Gottes ist ein geistiges Reich. Es ist Liebe, Frieden, Geborgenheit, Weisheit und Lebenskraft. Unsere materielle Welt besteht aus diesen geistigen Kräften. Denn alles, was ist, ist aus Gottes Geist und: *„...jede einzelne Zelle des Universums entsteht und besteht aus einer geistigen Kraft"*, wie Max Planck so treffend sagt. Wir sind wie Eisberge, die im Wasser schwimmen und die Wasser sind. Und somit ist alles, was wir zu unserem seelischen Heil und Wohlergehen benötigen, zugegen. Die Liebe ist da, der Frieden ist da, die Kraft ist da, wir brauchen uns nur um das Reich Gottes zu *„kümmern"* und ins *„Vaterhaus"* zurückzukehren.
 Im Evangelium überlegt der leidende Sohn dann, in welcher Haltung er ins Vaterhaus zurückfinden kann.

„Vater, ich habe gesündigt gegen dich..." Mit anderen Worten: Vater, ich habe mich von deiner Liebe abgesondert. In mir ist Angst, Verzweiflung, Verurteilung etc. – ich bin im Moment nicht das Kind deiner Liebe. Aber ich möchte wieder in deine Ordnung zurückfinden. Ich bin bereit, meinen Widerstand aufzugeben und meinen jetzigen Standpunkt zu korrigieren. Zu deiner göttlichen Ordnung möchte ich wieder Ja sagen. Ja sagen zu mir selbst, zu meinen Mitmenschen und dem Leben. Denn Liebe ist, wenn ich Ja sage und mich dabei geborgen fühle.

So müssen auch wir uns in unserem Leid und in unserer Disharmonie darauf besinnen, daß es den Vater gibt, und bereit werden, in seinen Frieden und seine göttliche Ordnung zurückzukehren.

Mit offenen Armen wartet die göttliche Liebe auf uns und möchte uns wieder mit allem versorgen, was wir zu unserem Wohlergehen benötigen. Das Heil ist uns ganz nahe, wir müssen nur darauf zugehen und uns darauf einlassen.

Eigentlich wäre es doch ganz einfach, alle krankmachenden Sorgen, Ängste und Nörgeleien loszulassen, um den inneren Frieden wiederzufinden. Einfach ist dieser Weg, aber nicht leicht zu gehen. Auf vielfältige Weise stellen sich immer wieder neue Hindernisse in den Weg, die zu überwinden sind. Oftmals stehen wir wie gelähmt in einer Konfliktsituation, und wir können uns nicht voranbewegen. Dann wieder fällt es uns schwer zu erkennen, was uns unsere Krankheitsanzeichen sagen wollen. Wir sind völlig blind und taub für die Zeichen unserer Seele.

In den Heilungsberichten des Evangeliums wird uns nun beschrieben, wie Blinde wieder sehen, Lahme wieder gehen, Taube wieder hören konnten und Aussätzige wieder rein und Tote wieder lebendig wurden. Den Kranken wird jeweils von Jesus gesagt, was zu tun ist, um Befreiung und Heilung zu erfahren. Wir in unserer Krankheit, die wir seelisch blind, taub, unrein und unbeweglich sind, bekommen ebenfalls genaue Anweisungen für unseren Heilungsweg gesagt.

Schauen wir uns zunächst den Bericht über die Heilung eines Gelähmten an:

> *Einige Zeit danach feierten die Juden ein Fest, und Jesus wanderte nach Jerusalem hinauf. Dort befindet sich in der Nähe des Schaftors ein Teich, der von einem Krankenhaus umbaut ist, das aus fünf Hallen besteht und Bethesda heißt: Haus der Barmherzigkeit. Dort lag eine Menge von Kranken, Blinden, Lahmen und Schwindsüchtigen. Hin und wieder aber begann der Teich zu sprudeln, weil (wie man im Volk meinte) ein Engel Gottes von Zeit zu Zeit in den Teich herab kam und das Wasser bewegte. Und (man war überzeugt) wer als erster nach dem Aufsprudeln des Wassers hineinstieg, der wurde gesund, an welcher Krankheit er auch leiden mochte.*
>
> *Nun lag dort unter den anderen auch ein Mann, der seit achtunddreißig Jahren krank war. Den sah Jesus liegen, und als er erfuhr, er liege schon so lange hier, fragte er ihn: Willst du gesund werden? Herr, klagte der Kranke, ich habe keinen Menschen, der mir hilft, in den Teich zu kommen, wenn das Wasser sich bewegt, und während ich mich hinschleppe, steigt längst ein anderer vor mir hinein. Da befahl ihm Jesus: Steh auf! Nimm dein Bett und mach dich auf den Weg! Im selben Augenblick wurde der Mann gesund, und er nahm sein Bett und konnte gehen.* (Joh. 5,1- 9)

Zunächst wird uns berichtet, daß kranke Menschen mit verschiedenen Krankheiten am Teich Bethesda lagen in der Hoffnung, irgendwann durch ein Wunder von Gott geheilt zu werden. Eine andere Möglichkeit gab es für die Kranken nicht. Auch in unserer heutigen Zeit nehmen kranke Menschen diese passive Haltung ein. Zeigt sich ein Symptom, dann gehen wir zu einem Arzt oder ins Krankenhaus, und wir warten darauf, daß sich der Fachmann unserer Situation annimmt und uns mit den „heilenden Quellen" versorgt. Wir verlassen uns dabei vollkommen auf die Ansichten und Anordnungen des Arztes. Selbst wenn die Ärzte bei unserem speziellen Leiden an die Grenzen ihres Wissens stoßen und keine Heilungsmöglichkeit für uns finden können, liegen wir passiv im Krankenhaus oder zu Hause und warten, oft Monate oder Jahre, auf ein Wunder.

Für die Ärzte ist unser Leiden **unheilbar**, weil bis zu diesem Zeitpunkt das helfende Heilmittel von ihnen noch nicht gefunden werden konnte. Wir Patienten übernehmen die ärztliche Diagnose „unheilbar" uneingeschränkt, und wir nehmen sogar an, daß es bei dieser Krankheit überhaupt keine Heilungsmöglichkeit gibt. Wenn uns Jesus in diesen Situationen fragen würde, warum wir so passiv in unserem Bett herumliegen, dann würden wir ähnlich wie der gelähmte Mann am Teich Bethesda antworten: ‚Wir haben keinen Menschen, der uns zu der Quelle der Heilung führen kann.' Ganz fest sind wir davon überzeugt, daß wir einen anderen Menschen – heute sind es Ärzte, Heilpraktiker, Homöopathen oder andere Therapeuten – brauchen, um gesund zu werden.

Wie gelähmt ist unser innerer Zustand – wir sind unfähig, selbst etwas für unsere Heilung zu tun. Die Vorstellung, daß Krankheit durch irgendwelche Auslöser von außen ohne Eigenbeteiligung auf uns zu kommt, bringt uns in diese Hilflosigkeit. Denn wenn die Krankheit ein rein physisches Ereignis wäre, dann bliebe für uns wirklich nur das geduldige Abwarten auf Hilfe von außen.

Sobald wir aber erkennen, daß jedem äußeren Erscheinungsbild eine innere unsichtbare Ursache zugrunde liegt, bekommt unsere Krankheitssituation ein ganz anderes Gesicht. Denn nun hat unser Symptom etwas mit uns selbst zu tun und sagt etwas über unsere geistig-seelische Verfassung aus. Damit tragen wir auch ganz allein die Verantwortung für unseren Zustand. Aber nicht im Sinne von Schuld, sondern aus Unwissenheit machen wir in unserer Unvollkommenheit Fehler, auf die wir nun aufmerksam gemacht werden. Jetzt dient das Symptom als Sprache der Seele und kann vielmehr als Freund anstatt als Feind angesehen werden.

Doch zunächst stellt Jesus auch heute an jeden Kranken die wichtige Frage: „*Willst du gesund werden?*" Ganz spontan werden wir diese Frage mit Ja beantworten. Es scheint uns ganz selbstverständlich, daß jeder in seiner Krankheit diesen Wunsch hat. Wenn wir jedoch die Frage konkreter stellen, dann würde es etwa heißen: „*Willst du wieder heil werden in deiner Seele? Willst du dir meine Liebe – meine Erlösung gefallen lassen? Willst du heimkehren zu mir in mein Heil?*" Und damit ist es nun nicht mehr so leicht für uns, diese Frage zu bejahen. Sind wir wirklich bereit, an unserer inneren Wirklichkeit etwas zu verändern? Vielleicht die vielen Ängste oder seelischen Verletzungen aufzulösen? Sind wir auch bereit, zurück in Verständnis und Liebe zu finden und all unsere Einwände und Widerstände loszulassen?

Wenn wir damit einverstanden sind, dann wird auch uns gesagt:

„*Steh auf! Nimm dein Bett und mach dich auf den Weg!*"

Damit werden wir aufgefordert, die Verantwortung für unser Leben wieder selbst in die Hand zu nehmen. Diesem unseren Drückebergerleben, in dem wir uns als unschuldige Opfer einer von außen kommenden Krankheit fühlten und nur auf die Hilfe von anderen Menschen oder auf ein Wunder von Gott warteten, wird damit ein Ende gemacht. Auf den Weg in das seelische Heil sollen wir uns begeben, um auch körperlich wieder zu gesunden. Denn:

„*Willst du deinen Körper heilen, mußt du zuerst deine Seele heilen.*"

Das sagte schon Platon 347 v. Chr. Unsere körperliche Disharmonie wird sich auflösen, wenn wir die Ursache, die seelische Disharmonie, herausgefunden und verändert haben.

Und damit stoßen wir auf ein weiteres Hindernis. Wie können wir den Hilferuf unserer Seele verstehen und erkennen, worauf uns unser Symptom hinweisen möchte? Dafür sind wir völlig blind. Um diese Blindheit zu überwinden, bekommen wir wichtige Hinweise in dem Bericht über die Blindenheilung.

Uns wird folgendes berichtet:

Schließlich gelangten sie nach Jericho. Als sie die Stadt soeben verlassen hatten, er, seine Jünger und eine beträchtliche Menschenmenge, saß ein Blinder am Weg, Bartimäus, und bettelte. Als er hörte, Jesus, der Mann aus Nazareth, komme vorüber, fing er an zu schreien: Jesus, du König Israels, kümmere dich um mich! Die Leute in seiner Nähe fuhren ihn an, er solle den Mund halten. Er rief aber um so lauter: Du König Israels, hab Erbarmen mit mir! Da blieb Jesus stehen und befahl: Holt ihn her! Und sie holten ihn: Steh auf! Du hast Glück! Er ruft dich! Er warf seinen Mantel weg, sprang auf und ging zu Jesus. Der fragte ihn: Was willst du? Soll ich etwas tun? Der Blinde antwortete: Meister, ich möchte wieder sehen können. Jesus erfüllte ihm die Bitte und sprach: Geh! Dein Glaube war deine Rettung. Da öffnete der Blinde die Augen und sah. Er schloß sich Jesus an und folgte ihm auf dem Weg.
(Mark. 10,46-52)

Wieder müssen wir die beschriebenen Ereignisse als eine innere Wirklichkeit von uns Menschen verstehen.

„Schließlich gelangten sie nach Jericho", heißt es am Anfang, womit ein innerer Zustand beschrieben wird. Mit einer Stadt verbinden wir eine Anhäufung von vielem: viel Menschen, viel Verkehr, viel Leben, viel Lärm, viele verschiedene Angebote und Arbeitsmöglichkeiten usw. Für die Seele des Menschen bedeutet das viel Abwechslung, viele Informationen, ein Gefühl von Gemeinschaft und Sicherheit, aber auch das Gefühl des Verlorenseins in der

Masse, Verzettelung, Hast, Nicht-zu-sich-selbst-Finden, Verzweiflung, Versuchung, Sucht. Es stellt den Menschen dar, der seine Mitte noch nicht gefunden hat und durch äußere Einflüsse sehr leicht aus dem Gleichgewicht gerät.

Fällt der Mensch sehr stark aus der inneren Ordnung, dann wird er krank. Die Krankheit behindert ihn, so daß er mit der Allgemeinheit nicht mehr mithalten kann und gezwungenermaßen aus dem gewohnten Leben herausfällt. Am Rande der Stadt hat der Blinde nun einen Platz. Außerhalb der Gemeinschaft ist er ganz mit sich allein, so daß er fern von Hektik und Ablenkung leichter in die Ordnung des Lebens zurückfinden kann. Die stille Zurückgezogenheit hilft ihm, in seine friedvolle Mitte zu finden.

Erst wenn der Blinde sehend wird, kann er am Fluß des Lebens wieder richtig teilnehmen. Durch unsere Blindheit in bezug auf unser Symptom ist der Fluß des Lebens, in unserem Fall der Gesundungsprozeß, ebenfalls behindert.

In dieser Situation geht Jesus vorbei. Vielleicht erlebt der Kranke Momente, in denen er ein besonderes Gefühl der Geborgenheit und des Friedens verspürt, und erinnert sich daran, daß es Gott bzw. Jesus gibt. Wir denken daran, daß es das Reich Gottes gibt, in dem alles vorhanden ist, was wir zu unserem Wohlbefinden benötigen. Klarheit, Einsicht und Weisheit benötigen wir, und all das steht uns im Reich Gottes zur Verfügung. Doch wie gelangen wir in unserer Blindheit zu der göttlichen Klarheit und Weisheit?

„Er fing an zu schreien: Jesus, du König Israels, kümmere dich um mich!"

Damit macht der Blinde seine ersten Versuche, um mit Jesus in Berührung zu kommen. Doch was geschieht? Jesus verhält sich noch ganz still. Dafür werden ärgerliche Stimmen laut und befehlen ihm zu schweigen. Das sind die Widerstände im Menschen, die ständig auf ihn einwirken und ihn beeinflussen. Zweifel, die den Glauben untergraben, Ängste, die unentwegt verunsichern, oder verurteilende Stimmen, die überzeugend sind und immer lauter werden, gehören dazu.

„Er rief aber um so lauter: Du König Israels, hab Erbarmen mit mir!"

Um die inneren Widerstände zu übertönen, muß der Bettler stärker werden und lauter rufen. Größere Energie ist notwendig, um diese ärgerlichen Stimmen zu überwinden. Dadurch entscheidet er sich eindeutig gegen die inneren Zweifel, und sein Rufen wird erhört. Der Blinde wird zu Jesus gerufen. Und jeder Kranke, der sich eindeutig von seinen inneren Widerständen abwendet, wird somit ebenfalls zur Begegnung mit Jesus oder Gott bereit.

Ehe der Blinde auf Jesus zuging, warf er seinen Mantel ab. Der Mantel ist ein Zeichen für Schutz und Sicherheit. Kranke Menschen klammern sich sehr oft an falsche Sicherheiten und schützen sich übertrieben vor allem Unangenehmen. Diese Pseudosicherheit und diesen dicken Schutzmantel müssen wir ablegen, um zu Jesus zu kommen. Ganz auf die göttliche Kraft in uns müssen wir vertrauen und uns für seine Kraft und seine Unterstützung entscheiden.

Oft legen wir auch schützend einen Mantel um uns, um darunter unsere Fehler und Schwächen zu verstecken. Indem wir diesen Mantel ablegen, entblößen wir unsere Seele. Mit anderen Worten, wir sind bereit, alles in uns anzuschauen und nichts zu verstecken oder zu beschönigen. Wenn wir auf die Wahrheit zugehen wollen, dann müssen wir verständlicherweise zur Wahrhaftigkeit bereit sein. Unser Versteckspiel müssen wir aufgeben und unsere Maske abwerfen, um in die Klarheit zu gelangen.

In dieser Haltung müssen wir uns nun auf die göttliche Klarheit und Weisheit zubewegen. Ein seelischer Prozeß, eine innere Auseinandersetzung, ist damit gemeint.

Gehen wir nun an die Arbeit. Wir wählen uns ein Symptom aus, von dem wir nicht wissen, was es uns sagen will. In unserem Fall ist es ein MS-Symptom wie z.B. die Unbeweglichkeit der Beine. Was möchte uns wohl unsere Seele durch diese Unbeweglichkeit sagen? In diesem Punkt sind wir, seit vielen Jahren vielleicht schon, so blind wie Bartimäus.

„*Dein Glaube war deine Rettung*", sagt Jesus zu dem Blinden. Das gilt natürlich auch für uns. An anderer Stelle heißt es: „*Traut ihr mir zu, daß ich euch helfen kann? – Was du mir zutraust, soll geschehen!*" (Matth. 9,27 und Mark. 9,23)

Die Gewißheit, daß Gottes Kraft und Weisheit uns helfen und sehend machen möchten, müssen wir in uns aufbauen. Unser Zutrauen zu seiner Güte und Wahrheit und zu seinen Möglichkeiten muß groß und stark sein. In diesem Bewußtsein können wir voll Vertrauen auf seine Hilfe bauen und ganz sicher sein, daß wir erkennen, was uns die Seele durch unser Symptom sagen möchte. Wir erwarten ganz einfach, daß uns Antwort und Erkenntnis zuteil werden, so als ob wir voll innerem Zutrauen eine Rätselaufgabe lösen wollen. Unser Glaube an diese unsere innere Fähigkeit wird auch auf der Suche nach der inneren Wirklichkeit unsere Rettung sein.

Schriftlich wollen wir uns nun an die Wahrheit herantasten. Dazu schreiben wir zunächst alles auf, was uns auf der körperlichen Ebene gezeigt wird. Gut ist es, wenn wir das Symptom wie ein Schriftsteller von allen Seiten beschreiben.

Krankenprotokolle

Wenn die Beine betroffen sind:

Körperebene:
1. Ich kann nur beschwerlich gehen.
2. Mein rechtes Bein ist kraftlos.
3. Ich stolpere und falle leicht; das macht mich so unbeweglich.
4. Ich kann nicht leicht und locker meinen Geschäften nachgehen.
5. Ohne Stock fühle ich mich unsicher. Am Stock kann ich mich festhalten, und ohne Stock muß ich mich ganz auf das Gehen konzentrieren.
6. Wenn ich gehe, kann ich mich nicht zugleich umschauen. Ich kann nur geradeaus schauen.
7. Wenn ich Treppen steige, ziehe ich mich hoch.
8. Meine Sehnsucht ist, leicht und locker gehen und tanzen zu können.
9. Wenn ich Probleme habe, sind die Beine schwer.
10. Ich gehe bewußt aufrecht.
11. Ich gehe steif und gehemmt, weil ich zuviel denke und kontrolliere.
12. Wenn ich mich an nichts festhalten kann, komme ich leicht ins Schwanken.

Was könnten diese Anzeichen, die uns auf der körperlichen Ebene sehr deutlich gezeigt werden, nun für die seelische Ebene bedeuten? – Es ist gut, uns noch einmal daran zu erinnern, daß der Körper der absolut wahrhaftige Ausdruck unserer Seele ist. Auf den seelischen Hintergrund sollen wir durch die äußeren Zeichen hingewiesen werden. Aus diesem Grunde versuchen wir nun das, was für uns sichtbar ist, auf die unsichtbare Ebene unseres Bewußtseins zu heben. –

In der Gewißheit: Die Weisheit ist zugegen, ich muß mich ihr nur öffnen, und in dem Wissen, daß göttliche Weisheit uns Antwort geben will und auch kann, ganz gleich wie – jetzt oder später – durch unser Denken, durch unser Fühlen oder im Traum – begeben wir uns nun in den Bereich, für den wir bis zu diesem Zeitpunkt noch blind sind. Die Aussagen über unser körperliches Symptom versuchen wir auf die seelische Ebene zu übertragen. In dem Vertrauen, daß wir Klarheit bekommen und die Zeichen unserer Seele erkennen, schreiben wir alles auf, was uns in den Sinn kommt.

Die folgenden Ausarbeitungen habe ich in meiner zwölfjährigen Tätigkeit mit MS-Kranken (in Einzelgesprächen und auf meinen Seminaren) und aus eigenen Erfahrungen zusammengetragen. Die Aussagen der einzelnen Personen werden durch normale und kursive Druckschrift voneinander abgesetzt. Auf stilistische Korrektur wurde absichtlich verzichtet, um den persönlichen Charakter zu erhalten.

Seelische Ebene:

Zu 1. – Ich kann nur beschwerlich gehen.

Seelische Bewegung bedeutet, von einem Gefühl ins andere zu schwingen.

Beruflich war es für mich selbstverständlich und anerzogen, Gefühle nicht zuzulassen und immer kontrolliert und beherrscht zu sein. Beruflich fällt es mir immer noch schwer, meine Gefühle zuzulassen. Die Höflichkeit verbietet so manche Gefühle: Keine Zuneigung zeigen, keine Antipathie, keine schlechte Laune, keine Unlust oder Ungeduld zeigen. Im familiären Bereich fällt es mir schwer, Wärme und Zärtlichkeit zu leben, obwohl ich mich danach sehne.

Zu 2. – Mein rechtes Bein ist kraftlos.
Meine Gefühlsseite ist kraftlos. Ich kann nicht zu meinen Gefühlen stehen, weil ich sie nicht so wichtig finde. Mein Ideal ist: Immer stark, beherrscht und über den Dingen zu stehen. Es gehört sich nicht, so meine ich, und ich geniere mich. Auch möchte ich keine Schwäche zeigen.
Ich stehe darüber – ich gehe nicht hinein in das Gefühl !!!

Zu 3. – Ich stolpere und falle leicht. Das macht mich so unbeweglich.
Ich habe schon immer große Angst gehabt, zu stolpern und zu fallen; also Fehler zu machen, schwach zu werden, was meine Gefühle betrifft, oder mich zu blamieren. Das „Über-den-Dingen-Stehen" war nicht echt, dadurch entstand die Angst vor dem Fallen oder Stolpern (Fallen der Maske). Ich wollte gefallen durch Perfektion. Zugleich befürchtete ich, nicht zu gefallen.

Zu 4. – Ich kann nicht leicht und locker meinen Geschäften nachgehen.
So ist es. Um locker und leicht meine Arbeit zu erledigen, muß ich von meinem „Darüberstehen" in meine Gefühle herunterkommen. Denn dort oben auf dem Sockel kann ich nicht natürlich und locker sein. Wenn ich so sein darf, wie ich bin, dann kann ich ganz gelöst sein.
Dazu muß ich die Kontrolle aufgeben !!! Die Gefühle müssen wieder wichtig für mich werden. Mein Ideal muß sich wandeln, und meinen übermenschlichen Anspruch muß ich zurücknehmen.
Doch Kontrolle aufgeben macht mir Angst !

Zu 5. – Ohne Stock fühle ich mich unsicher. Am Stock kann ich mich festhalten, und ohne Stock muß ich mich ganz auf das Gehen konzentrieren.

Ich habe ein großes Bedürfnis nach Sicherheit. Bis jetzt war die Kontrolle meine Sicherheit und meine Verläßlichkeit usw. Im Außen sollte nichts schiefgehen. Die wahre Sicherheit aber liegt darin, wenn ich trotz äußerem Chaos mich innerlich sicher fühle und gelassen bleibe.

Nach einer Stütze habe ich mich gesehnt, nach jemand, der mich verstehen und unterstützen kann.

Zum einen habe ich Schwierigkeiten, wenn ich von meinen nächsten Mitmenschen keine Unterstützung, wie z.B. innere Zustimmung, erhalte. Zum anderen kann ich Hilfe von anderen nicht annehmen. Ich möchte beweisen, daß ich es alleine kann. Ich möchte ganz alleine ohne fremde Hilfe durchs Leben gehen.

Mein Symptom zwingt mich nun, Hilfe anzunehmen.

Ein wunder Punkt ist für mich, wenn mein Partner mich lächerlich macht, um andere auf meine Kosten zu belustigen. So gibt es noch andere, empfindliche Punkte bei mir. Man braucht mich nur anzutippen, und schon falle ich um.

Wenn ich Gott gefunden habe und um seine Anwesenheit als Stärke, Liebe und Kraft weiß, dann habe ich die einzig wahre Stütze gefunden. Er gibt mir wahre Sicherheit und einen Frieden, der auch in chaotischen Situationen durchhält.

Anstatt sich durch Angst vor Verletzungen verunsichern zu lassen, muß ich lernen, daß die Sicherheit und Stärke in mir liegt und nicht da draußen.

Zu 6. – Wenn ich gehe, kann ich nicht zugleich umherschauen. Ich kann nur geradeaus schauen.

a) Bisher bin ich in meiner seelischen Entwicklung voranmarschiert, und ich habe immer um mich geschaut, ob die anderen es auch so machen.

b) Ich habe mich gefragt, was die anderen wohl denken, wenn ich etwas so mache.

c) Ich habe immer das getan, was andere von mir erwartet und erlangt haben, und niemals das, was ich wollte.
d) Ich habe mich immer an anderen orientiert.
e) Ich habe mich gerne angepaßt, mir aber hinterher unentwegt Selbstvorwürfe gemacht. Immer das gleiche Muster – ein Dauerkonflikt!
f) Bisher habe ich zwangsweise an die Vergangenheit denken und darüber grübeln müssen.

Dadurch gab es verständlicherweise kein Vorwärtskommen, ein ewiges „Am-Platz-Treten". Konflikt: Mangelnde Unterstützung sich selbst gegenüber. Richtig wäre:
a) *Sich zu entfalten, ohne nach den anderen zu schauen.*
b) *Es ist mir gleichgültig, was die anderen denken.*
c) *Ich mache nur noch das, was ich möchte und für richtig finde.*
d) *Heute weiß ich, daß ich mir gehorchen muß. Ich orientiere mich an meinem Gefühl und an dem, was ich gelernt habe, und handle nach meinem Wissen und Gewissen.*
e) *In Zukunft will ich mich nicht mehr in allem anpassen. Wenn ich es besser finde, mich anzupassen, dann war es meine Entscheidung, und ich mache mir deswegen keine Vorwürfe. Ich will darauf achten, mir immer die nötige Unterstützung zu geben.*
f) *Wenn ich heute an die Vergangenheit denken muß, dann bearbeite ich das Ereignis nach meinen neuesten Erkenntnissen.*

Zu 7. – Wenn ich Treppen steige, ziehe ich mich hoch.
Ich möchte vieles **angehen,** *werde aber gezwungen, wenig zu tun. Ich möchte gern flott voranschreiten und aufsteigen im Leben. Die Neugierde treibt mich in alle Richtungen. Ehrgeiz, Neugier und Wissensdrang drängen mich ständig, voranzuschreiten – hinaufzusteigen. Die Beine bremsen, und die Zeit fehlt. Wenn die Beine nicht wären, hätte ich keine natürliche Bremse. Der aktive Pol war mir arg wichtig,*

der passive Pol wurde völlig vernachlässigt. Ich fand die Passivität unwichtig und nutzlos.

Damit die Seele voranschreiten kann, braucht sie Stille. In der Stille verarbeitet die Seele die Eindrücke des Tages, verdaut und ordnet die Erlebnisse ein. Das ist die Zeit des Reifens und Wachsens, und ich benötige viel Zeit dazu.

Außerdem habe ich große Schwierigkeiten mit der allzu schnellen, seelischen Bewegung bei anderen. Da kann ich innerlich nicht mitgehen, und ich will es auch gar nicht. Wenn andere nicht schnell an die Arbeit gehen, wenn es gefordert wird, habe ich ebenfalls große Schwierigkeiten. Da ich selber im Streß gut funktioniere, macht es mir viel aus, wenn die anderen zu lahm sind. Die Tochter ist mir in ihrem Wesen zu schnell, der Sohn stört mich, weil er zu langsam ist. Somit habe ich einen Dauerkonflikt in bezug auf die Bewegung bei mir selbst und bei anderen. Ich muß meinen wahren Rythmus herausfinden und lernen, die anderen so zu nehmen, wie sie sind.

Seelisches Reifen und Voranschreiten sind weitaus wichtiger als Fortschritt im Äußeren.

Zu 8. – Meine Sehnsucht ist, leicht und locker gehen und tanzen zu können.

Die Unsicherheit meinem Vater und meinem Mann gegenüber war sehr groß. Ich habe von beiden Verständnis und Zuwendung erwartet. Weil beides ausblieb, glaubte ich nicht o.k. zu sein. Mein Selbstwertgefühl war gleich Null. Ich machte mein Selbstwertgefühl von der Meinung der anderen, insbesondere von Vater und Mann, abhängig. Ein vernünftiges Gespräch war einfach nicht möglich. Irgendwann habe ich die ganze Verantwortung übernommen und alle Leichtigkeit abgeschüttelt. Bei meinem Mann habe ich diese Leichtigkeit heftig bekämpft. Und heute fehlt sie mir, um locker und leicht durchs Leben zu gehen.

Verantwortung tragen kann ich nicht mit Leichtigkeit vereinbaren. Wenn ich Gott die Hauptverantwortung übergeben kann, dann kann ich meine Arbeit mit Leichtigkeit tun. Denn nur, weil ich zuviel Verantwortung übernehme und schwer daran trage, kann ich nicht locker und leicht durchs Leben gehen.

Zu 9. – *Wenn ich Probleme habe, sind die Beine schwer.*
Das bestätigt meine Erkenntnis. Tue ich mich so schwer, die Probleme anzugehen? Meine Wetterfühligkeit sagt mir, daß ich nicht flexibel genug bin. Einen harmonischen Zustand möchte ich mir erhalten, und ich bin traurig, wenn er sich verändert. Es fällt mir sehr schwer, die Veränderung anzunehmen. Ich muß lernen, den ständigen Wandel des Lebens nicht mehr zu bewerten und einfach alles anzunehmen, wie es nun einmal ist.
Wenn ich vergangene, unschöne Dinge immer wieder aufwärme, ohne sie zu verarbeiten, klebe ich an der Vergangenheit und schreite nur schwer voran.

Zu 10. – *Ich gehe bewußt aufrecht.*
Gehe ich wirklich so aufrecht durchs Leben? Oder bin ich eher mir selbst und anderen gegenüber unaufrichtig? Wie oft verhindert mein hoher Anspruch auf Anstand und Höflichkeit, aufrichtig und ehrlich zu sein? Wie oft stelle ich berufliches Ansehen und korrektes Benehmen vor meine wahren Gefühle und Bedürfnisse? Muß der Körper das leben, was ich auf der seelischen Ebene nicht leben mag?

Zu 11. – *Ich gehe steif und gehemmt, weil ich zuviel denke und kontrolliere.*
Wohin möchte meine Seele nicht schwingen? Was ist mir unangenehm? Wenn mich andere verwöhnen und mir helfen wollen.
*Wenn mir **Grenzen gesetzt** sind,*
wenn ich in einem Bereich nachstehen muß,
wenn mich jemand beschämt und erniedrigt,
wenn ich „über den Tisch gezogen" werde.

Beruflich setze ich mir ständig Grenzen. Ich muß in das Gleichgewicht zwischen Höflichkeit und Ehrlichkeit finden. Es macht mir Angst, wenn sich jemand keine Grenzen setzt. Ich kann mir nicht vorstellen, daß es auch anders gehen könnte. Es fällt mir auch schwer, anderen Grenzen zu setzen. Ich möchte niemandem weh tun. Ich bin unentwegt beherrscht und kontrolliert. Dadurch kann ich nicht leicht und locker durchs Leben gehen.

„Der Wagenlenker" hält die Zügel ganz straff. Er möchte alle Gefühle kontrollieren und nur wenige Gefühle zum Ausdruck bringen. Gefühle zeigen ist für mich ein Zeichen von Schwäche. Ich fühle mich ungeschützt, man könnte mich verletzen oder manipulieren. Wenn ich meine Gefühle auslebe, habe ich Angst, daß ich meine Gefühle nicht mehr unter Kontrolle habe. Mein Idealbild und das der Umwelt ist: beherrscht und kontrolliert über allem zu stehen. Wenn ich beherrscht bin, dann beherrsche ich meine Seele und unterdrücke sie.

Von der Schöpfungsordnung her sind alle Gefühle gut. Ich muß lernen, mich gehen zu lassen – meine Seele gehen zu lassen, da wo sie hingehen will. – Wenn sie traurig ist, soll sie traurig sein, wenn sie froh ist, soll sie froh sein.

Zu 12. – Wenn ich mich an nichts festhalten kann, komme ich leicht ins Schwanken.

Warum kann ich nicht frei, froh, unbesorgt und sicher sein? Die Ängstlichkeit in den kleinen Dingen muß ich entdecken. Diese unterschwellige Furcht vor dem Ungewohnten blockiert mich, und ich kann dadurch nicht sicher und

unbesorgt durchs Leben gehen. Vielleicht nehme ich alles zu schwer? –

Körperebene:

Ich bin kraftlos, ich kann nicht stehen.

Seelische Ebene:

Wo in meinem Leben bin ich kraftlos?

Wenn ich eine unbekannte Situation nicht überblicken kann, dann bin ich ängstlich und ohne Antrieb.

Ich kann nicht zu mir stehen – zu meiner Wut, meiner Lust und nicht zu meinen Bedürfnissen. Ich kann außerdem nicht Nein sagen. Ich will immer stark sein. Schwäche und alles Weibliche lehne ich bei mir ab.

Nun lebt der Körper, was meine Seele nicht lebt.

Wenn sich bei mir eine schlechte Stimmung einstellt, dann mag ich nicht hineingehen. Ich mag mich so nicht und kann nicht zu mir stehen. Meiner Mutter gegenüber kann ich ein Unwohlsein schlecht eingestehen. Wenn ich mich schwach fühle, fürchte ich ihre Bemutterung und Fürsorge.

Ich habe ein großes Problem mit der Abgrenzung. Wenn ich Nein sage, habe ich Schuldgefühle, und wenn ich Ja sage, bin ich unzufrieden, daß ich nicht zu mir gestanden habe. Wie kann ich Nein sagen, ohne Schuldgefühle zu bekommen? Ich weiß, daß ich mit dem Nein verletze und daß ich etwas verlange, was dem anderen unheimlich schwerfällt. Dann bekomme ich Skrupel, ob ich das überhaupt verlangen kann. In dieser Haltung verletze ich mich selbst, und ich stehe nicht zu mir. Und ich fühle mich bestimmten Personen gegenüber, die die Grenzen von sich aus nicht einhalten, ausgeliefert.

Meine Einstellung kann ich aber ändern: Wenn ich Nein sage und versuche, es dem anderen verständlich zu machen, dann brauche ich keine Schuldgefühle zu bekommen. Denn so wie ich lernen muß, den anderen in seinen Entscheidungen zu akzeptieren, so muß auch der andere meine Entscheidungen akzeptieren lernen.

Wenn ich merke, er kann es dennoch nicht, dann kann ich ihm meinerseits durch Gebet helfen. In dieser Haltung kann ich innerlich fest zu mir stehen. Wenn ich Gott gehorchen will, muß ich mir selber gehorchen, denn seinen Willen erfahre ich nur in mir.

Wenn ich nach bestem Wissen und Gewissen handle, dann ist es immer richtig, zu mir zu stehen. Wenn andere dadurch Schwierigkeiten bekommen, dann deshalb, weil er anders denkt und fühlt und darum nicht verstehen kann. Falls dann noch Schuldgefühle aufkommen sollten, dann übergebe ich sie Gott.

Wenn ich Rücksicht nehme, dann sollte ich ganz aufrichtig sein. Und wenn ich mich für mich entscheide, dann sollte ich voll Vertrauen sein, o.k. zu sein, und fest zu mir stehen. Die Unterstützung, die ich mir von anderen wünsche, muß ich mir zunächst selbst geben. Alles, was ich mir von anderen wünsche wie Freiheit, Liebe und Wertschätzung, muß ich mir zuerst selbst geben.

Ich habe ständig einen inneren Konflikt durch mangelnde Unterstützung.

In bezug auf meinen Mann gibt es sehr viele unterschwellige Konflikte. Immer dann, wenn er anders reagiert, als ich es tun würde. Ich versuche sein Verhalten zu entschuldigen, aber die Unzufriedenheit bleibt.

Einen weiteren großen Bereich nehmen die Eltern schon seit der Kindheit ein. Sie konnten mich in meiner Art nie annehmen noch unterstützen. Dem Anspruch der Eltern konnte ich nicht genügen, deshalb flüchtete ich in eine Protesthaltung. Und das Gefühl, ich bin kein lieber Mensch, hängt mir heute noch nach. Ich habe mich hart und stark gemacht, um damit leben zu können. Ich wollte immer ein braves Kind sein, um geliebt zu werden, aber ich habe alles gemacht, was ich nicht hätte tun sollen. Die Sehnsucht, geliebt und unterstützt zu werden, war immer da. Das ist ein Dauerkonflikt seit der Kindheit. Immer habe ich das Gefühl gehabt, kämpfen zu müssen. Freiwillig bekam ich keine

Unterstützung, also mußte ich sie mir erkämpfen. So stand ich im Kampf gegen alle. Ich hatte das Gefühl, die wollen mich alle kaputt machen, und ich spürte die Überlastung. Zu der Zeit habe ich mich von niemandem, auch vom Leben nicht, unterstützt gefühlt.

Immer dann, wenn ich an mir selbst etwas zu bemängeln habe, kann ich mich nicht unterstützen. Ich habe die Vorstellung, wenn ich mich gut finde, dann werde ich eitel oder hochmütig.

Bei meinen Mitmenschen macht mir Unbeweglichkeit große Schwierigkeiten. Wenn ich spüre, daß der andere sich schwer tut, dann nehme ich mich in der Bewegung zurück. Ich nehme Rücksicht, aber diese Rücksicht ist nicht aufrichtig. Und weil ich dann unzufrieden bin, mache ich mir deswegen noch Schuldgefühle.

Gott war zu der Zeit ferne, an seine Unterstützung habe ich nicht gedacht. Bis heute habe ich immer noch Schwierigkeiten, seine Unterstützung in Anspruch zu nehmen. Wenn wir alleine tätig sind, dann müssen wir uns anstrengen und kämpfen. Befriedigende Ergebnisse sind es dann trotzdem nicht. Es kommen Schuldgefühle hoch, wenn ich merke, die anderen sind verletzt. Damit gebe ich mir selbst nicht die nötige Unterstützung. Ich muß lernen, mich selbst und das Anderssein der anderen zu unterstützen. Und ich muß lernen, die göttliche Unterstützung bei allem in Anspruch zu nehmen. Die Stärke muß ich in mir bewußt machen und alles in dieser Stärke tun.

Im Urlaub konnte ich mich überhaupt nicht bewegen. Ich war ganz steif.

Was ging zu dieser Zeit in meiner Seele vor?

Meinen Rythmus von Stille und Gesellschaft habe ich dort nicht finden können. Ich brauche die Stille, um mich entspannen zu können, und das war dort nicht gegeben. So stand ich unter Spannung. Ich wollte eigentlich Urlaub machen und wenig tun. Doch die Kinder drängten mir ihren Rhythmus auf. Davon konnte ich mich als Mutter nicht abgrenzen. Ich befand mich im Konflikt zwischen der Verpflichtung als Mutter und den eigenen Wünschen. Meine Seele konnte sich überhaupt nicht mehr bewegen. Ich hatte mich ganz auf meinen gewohnten Rhythmus versteift. Die Angst, ich könnte nicht zu meinem Recht oder das, was ich brauche, kommen, läßt mich steif und unbeweglich werden.

Wenn ich mich dagegen voll Vertrauen auf das Leben einlasse, dann werde ich auch irgendwo und irgendwann zu meinem Recht kommen. Meine Seele tut sich schwer, wenn etwas Neues auf sie zukommt. Sie kann sich nicht so leicht darauf einlassen.

Einerseits wollte ich die Kinder, andererseits machte mir die Bewegungseinschränkung Schwierigkeiten. Meine Mutterpflichten habe ich sehr ernst genommen, mich selbst aber habe ich nicht mehr wahrnehmen können. Die hingebungsvolle Mutter war ich innerlich nicht. Eine ständige Unzufriedenheit war da. Grundsätzlich fällt mir die Hingabe schwer. Ich habe Angst, daß von mir nichts mehr übrig bleibt. Nur durch die Erfahrung würde ich eines Besseren belehrt werden, aber die Angst läßt es nicht zu, diese Erfahrung zu machen.

Zu meiner Ungeduld konnte ich nicht stehen. Ich habe ein Idealbild von einer Mutter, und das strebe ich unentwegt an. Darum kann ich mich nicht so annehmen, wie ich in Wahrheit bin. Meine Seele kann sich nicht frei bewegen, weil ich mich auf ein Idealbild versteife. Durch diesen hohen Anspruch bekomme ich ein schlechtes Gewissen, wenn ich so lebe, wie ich bin. Aus unseren Fehlern sollen wir lernen, anstatt uns ein schlechtes Gewissen zu machen.

In der Angst und in Konfliktsituationen kann ich nicht aus eigener Kraft aufstehen. Ohne Hilfe stehe ich in der Ecke und komme da nicht alleine raus. Es ist kein Hin- und Herschwingen möglich. Durch Selbstvorwürfe gebe ich mir keine Unterstützung, ich bleibe auf der Stelle liegen.

Jesus war in der Schwachheit stark. Als er am Boden lag, zürnte er nicht und stand mit Gottes Kraft wieder auf. Das ist die wahre Stärke. Sich in der Schwachheit dennoch geliebt und würdig zu finden und mit Gottes Kraft wieder aufzustehen.

Körperebene:

Ich war völlig kraftlos. Meine Beine waren schwach. Ich konnte nicht lange stehen und nicht weit laufen. Meine Bewegungen und Reaktionen waren sehr langsam.

Seelische Ebene:

Auf der seelischen Ebene wollte ich immer stark sein, das war mein Ideal. Wenn uns ein Ungemach traf, dann wollte ich sehr tapfer sein. Unverletzbar, ohne Angst und hart im Nehmen wollte ich sein, um so voller Stärke das Leben zu meistern. Schwäche und Kleinmut wollte ich nicht zulassen.

In Wirklichkeit war ich noch nicht einmal so stark, um meine Schwächen und mein Unvermögen zuzulassen. Zu meiner Fehlerhaftigkeit und Unvollkommenheit konnte ich überhaupt nicht stehen, und so versuchte ich mit viel Anstrengung immer perfekt zu sein, was mir natürlich nie gelang. Der Anspruch an mich selbst war regelrecht unmenschlich. Bestimmte Gefühle und Eigenschaften, die in meinen Augen schlecht waren, durften einfach nicht sein. Mein Verstand bestimmte, wie ich zu sein hatte, und er wurde sehr aggressiv, wenn ich beispielsweise ungeduldig, unaufmerksam oder unzuverlässig war. Bei geringem Fehlverhalten quälte ich mich tagelang mit Selbstvorwürfen, und Gefühle wie Wut, Haß, Aggression oder Lieblosigkeit verdrängte ich einfach.

Stark wollte ich sein, aber ich war es in Wirklichkeit nicht. Und so lebte ich ständig in der Spannung zwischen meinem Ideal und der

Wirklichkeit. Um seelisch heil zu werden und in Harmonie zu kommen, mußte ich lernen, mich mit all meinen schwachen Seiten wahrhaft anzunehmen. Dieses einseitige Idealbild mußte ich als großen Irrtum entlarven und den guten Sinn von allen Gefühlen sehen lernen. Der aufrichtige und liebevolle Umgang mit sich selbst war erforderlich, um gesund zu werden.

In mühevoller Kleinarbeit habe ich gelernt, alle Gefühle ohne Wertung zuzulassen. Ich wurde auch bereit, unangenehme Situationen durchzustehen, anstatt sie zu meiden. Im Gegensatz zu früher gehe ich Konflikte nun mutig an, und ich habe auch die Kraft, Disharmonien auszuhalten. Ich habe die Kraft, Ablehnung auszuhalten, ohne mich minderwertig zu fühlen, und den Mut, meine Grenzen beispielsweise durch ein festes Nein zu verteidigen. Für meine Interessen kann ich heute einstehen und meinen inneren Anstößen vertrauen und gehorchen. Fest kann ich so zu mir stehen; selbst dann, wenn ich auf Widerstände stoße, falle ich nicht gleich um.

Meine Vermeidungshaltung und die Kontrolle mußte ich aufgeben, um mich dem wirklichen, veränderlichen Leben vertrauensvoll und mutig zugleich hinzugeben. Auf diese Weise konnte ich mich wieder nach allen Seiten hin frei bewegen. Der eingeschränkte Bewegungsradius auf der Körperebene wollte mir meinen inneren eingeschränkten Bewegungsradius deutlich machen.

Der geringste Widerstand konnte mich früher kraftlos werden lassen. Wenn mein Mann meine Interessen nicht gut fand, dann gab ich sofort auf, und wenn ich in meiner Auffassung keine Zustimmung bekam, zog ich mich zurück. Vieles ließ ich geschehen, ohne mich zu wehren. In meiner Vorstellung war ich klein und schwach und minderwertig. Obwohl ich so stark sein wollte, lebte ich in der Haltung: Ich kann nicht – ich bin schwach. So war ich natürlich leicht aus dem Gleichgewicht zu bringen, was sich auch auf der Körperebene zeigte. Mein Körper war der wahrhafte Spiegel meiner inneren Befindlichkeit und offenbarte auch das, was ich mir selbst nicht eingestand.

Auch meinem Körper traute ich nichts zu. In meiner Vorstellung war er ohne Kraft und Leistungsfähigkeit für alle Zeiten, was ich ja auch täglich bestätigt bekam. Ich fühlte mich wie ein kleines benachteiligtes Kind und bewunderte die leistungsfähigen Erwachsenen, die so viel Kraft hatten. In dem Bereich Stärke bzw. Schwäche lag also mein Dauerkonflikt. Stark wollte ich sein, das wünschte ich mir so sehr; in meinem Bewußtsein aber sah ich mich nur minderwertig und schwach. Mein Selbstvertrauen mußte ich aufbauen und erkennen, daß uns alle Kräfte, die wir benötigen, zur Verfügung stehen.

Meine Bewegungen und mein Reaktionsvermögen waren sehr langsam geworden. Worauf wollten mich wohl diese Anzeichen aufmerksam machen? Erst nach Jahren entdeckte ich meine unbewußten Schwierigkeiten. Schon als Kind hörte ich oft von meiner Mutter: „Wer langsam ißt, der arbeitet auch langsam." In meinen Ohren klang es nicht gut, langsam zu sein. Da ich aber nur sehr langsam essen konnte, wollte ich auf keinen Fall langsam arbeiten. Das war mir so wichtig, daß ich mit sehr viel Ehrgeiz und Anstrengung meine Arbeiten möglichst schnell verrichtete. Erst mit 45 Jahren erkannte ich, daß ich meinen wahren Lebensrhythmus völlig übergangen habe, um meiner Vorstellung von einem tüchtigen Menschen gerecht zu werden. In Wirklichkeit bin ich ein langsamer Mensch in allem, was ich tue, und ich lehnte mich deswegen fast ein ganzes Leben lang ab, ohne daß es mir recht bewußt war.

Mein Bewegungsdrang war damals übertrieben. Viel wollte ich an einem Tag erledigen und viel im Leben bewegen und erreichen. Immer ging es mir nicht schnell genug, und immer stand ich zeitlich unter Druck. Bei allem, was ich tat, war ich innerlich getrieben, schnell ans gewünschte Ziel zu kommen. Selten war ich in diesem Punkt zufrieden mit mir.

Streßsituationen dagegen, in denen Schnelligkeit von mir verlangt wird, kann ich bis heute nicht gut bewältigen. Da spüre ich deutlich, daß ich nicht schnell sein kann. Die Angst, den Anforderungen nicht gewachsen zu sein, lähmt mich, und der hohe Anspruch, es doch zu meistern, treibt mich. Ich verliere dabei die Nerven, und nichts klappt mehr.

Auch mit meinen Mitmenschen in meiner nächsten Umgebung war ich deswegen unzufrieden. Unterschwellig hatte ich ständig Konflikte mit der langsamen und umständlichen Art meiner Familienmitglieder. Wenn ich meine Nächsten beobachtete, hatte ich das Bedürfnis, sie zu korrigieren, sie zu drängen und ihnen „Beine zu machen". Manchmal platzte meine Unzufriedenheit raus, und ich kritisierte ihre Umständlichkeit, doch die meiste Zeit schwieg ich, weil ich doch die Freiheit eines jeden respektieren wollte. Mit Entschuldigungen deckte ich meine inneren Unzufriedenheiten zu. Als ich eines Tages die vielen ungelösten und unbewußten Dauerkonflikte in mir entdeckte, war ich sehr erschrocken. Ich blieb in der Unzufriedenheit stecken und war nicht in der Lage, mich hin zur Zufriedenheit zu bewegen.

Auf diese Weise war meine Seele aus der Ordnung geraten, und meine Symptome machten mich darauf aufmerksam. Wie dankbar war ich, daß ich mein Unheilsein auf diesem Wege erkennen durfte, wodurch mir zugleich der Weg in die Gesundung aufgezeigt wurde.

Körperebene:
1. Ich kann mich nicht gut bewegen.
2. Ich kann nicht lange laufen, ich habe wenig Kraft und Ausdauer.
3. Ich gehe sehr beschwerlich, ich kriege die Füße nicht hoch, und ich komme oft ins Stolpern.
4. Ich komme nicht ans Ziel.
5. Die Beine sind steif, sie lassen sich schwer bewegen.
6. Ich muß Schritt für Schritt genau überlegen, ganz konzentriert sein. Früher konnte ich gehen, ohne zu denken.

7. Ohne Stütze geht nichts. Ich schwanke stark und komme leicht aus dem Gleichgewicht. Ich brauche immer einen Halt, und es geht ganz langsam. Ich fühle mich gehemmt und an der natürlichen Bewegung gehindert.
8. Das Symptom zwingt mich zum Verzicht, es zwingt mich in einen kleinen Radius, es zwingt mich, Schwäche zu zeigen, und macht offenbar, daß ich unbeweglich und unfrei bin.

Seelische Ebene:

Zu 1. – Ich kann mich nicht gut bewegen.

Seelische Unbeweglichkeit bedeutet für mich, wenn ich auf meinem Standpunkt, auf meiner Sicht der Dinge beharre. Wenn ich mich auf neue Gegebenheiten und neue Denkmöglichkeiten nicht einlassen kann und mich stur und störrisch wie ein Esel verhalte. So möchte ich Konflikte vermeiden und bin nicht bereit, sie zu durchleben. Ich möchte nur Harmonie, die Disharmonie lehne ich ab und will sie meiden. In diesen Pol kann und will ich mich nicht hineinbewegen.

Bestimmte Gefühle wie beispielsweise Wut, Aggression oder Trauer lehne ich ebenfalls ab. Ich lasse sie einfach nicht zu, in diese Richtung kann sich meine Seele nicht bewegen.

Zu 2. – Ich kann nicht lange laufen, ich habe wenig Kraft und Ausdauer.

Mir fehlt es an innerer Stärke, die Disharmonie auszuhalten. Ich bin abhängig von dem Wohlwollen der anderen und dem harmonischen Miteinander. Mein Ideal ist ein friedliches Zusammenleben. Durch Rückzug versuche ich, Frieden zu erhalten. Mir war bis jetzt nicht bewußt, daß ich durch Verdrängen meiner wahren Gefühle keinen Frieden, sondern nur den Scheinfrieden schaffen kann. Ich habe nicht die Kraft, mein Inneres zu zeigen, meine Verletztheit oder meine Aggression.

Zur inneren Stärke zählt auch die Aufrichtigkeit, sich einzugestehen, daß ich mich geirrt habe und nicht recht habe. Wenn es mir schwerfällt, einsichtig zu sein, dann bin ich ebenfalls unbeweglich und manchmal auch stur. Um einsichtig zu werden, müssen wir uns auf andere Gedanken und andere Anschauungen einlassen. Etwas hereinlassen – veränderungsfreudig sein – unsere Grundsätze hinterfragen – den Wandel bereitwillig zulassen.

Zu 3. – Ich gehe sehr beschwerlich, ich kriege die Füße nicht hoch, und ich komme oft ins Stolpern.

Es fällt mir sehr schwer, etwas zu verändern in mir und auch in meinem Umfeld. Meine Seele stolpert, wenn sie einen Schritt in Richtung Veränderung tun soll. Sie stolpert über bestimmte Gefühle, die ich vermeiden möchte.

Mehr als zuvor möchte ich Konflikte meiden. Gefühle möchte ich nicht nur meiden, sondern sie völlig abblocken. In dem Punkt möchte ich keine Veränderung. Warum nicht? Es bringt die direkte Auseinandersetzung mit Problemen und Personen. Und ich bin der Auffassung, daß sich das nicht lohnt. Warum soll ich Kraft investieren für unangenehme Dinge?

Ich strebe das Ideal an, möglichst über den Dingen zu stehen. Ich lebe ein Ideal und bin dabei nicht echt. Denn wenn ich von anderen verletzt wurde, fühlte ich mich in Wirklichkeit als der Unterlegene.

Der wahrhaft Starke kann auch das Unangenehme aushalten. Ich suche nach großer Sicherheit im Leben, um alles Unangenehme zu meiden. Ich muß das falsche Ideal ersetzen und echt sein wollen. Mein großes Harmoniebedürfnis steht dem Ausleben der Gefühle entgegen. Der Verstand darf nicht bestimmen, welche Gefühle zugelassen werden. Das erreiche ich, indem ich spontan reagiere und nicht lange überlege. Aufrichtigkeit den Gefühlen gegenüber und Echtheit sollten das neue Ideal werden.

Zu 4. – Ich komme nicht ans Ziel.

Ziel unseres Lebens ist es, heil zu werden – ganz zu werden. Und ganz werden kann ich nur, wenn ich die Ganzheit des Lebens, also die positiven und die negativen Seiten des Lebens akzeptiere. Wenn ich nur die Harmonie leben will, komme ich nicht ans eigentliche Ziel.

Zu 5. – Die Beine sind steif, sie lassen sich schwer bewegen.

Eine starre Form läßt sich nicht bewegen, eine starre Seele ist nicht mehr lebendig. Ich versteife mich auf bestimmte Ansichten und Vorstellungen. Das ist es, was mich so starr und steif werden läßt.

Die Gefühle sollten wie das Wasser ständig in Bewegung sein und fließen. Von einem Pol zum anderen. Das Wasser plätschert nur ein wenig. Es fehlt der Mut zum Fließen. Auf bestimmte Gefühle will ich mich nicht einlassen. Weil ich sofort werte: Lohnt's sich oder lohnt es sich nicht? Ich will mich nicht anstrengen, „nicht naß machen".

Ich bewege mich nicht gern in: Aggression, Disharmonie, Gefahr der Verletzung, Ungerechtigkeit, Krankheit, Niederlage, Unbeständigkeit, Chaos, Unordnung, Zerstörung, Schwäche, Versagen, Blamage, nicht angenommen und anerkannt zu sein, nicht beachtet zu werden.

Ich bin gehemmt durch die Angst vor Verletzungen und durch die Einstellung: Lohnt's sich oder nicht? Das ist der Grund, weshalb ich mich auf den Konflikt nicht einlassen kann.

Ich bin in einer Richtung festgefahren und nicht in der Lage, mich daraus zu befreien. Ohnmächtig in eine andere Richtung zu gehen. Ich sehe ein, daß ich Hilfe annehmen sollte; bisher habe ich das nicht zulassen wollen. Hilflosigkeit, Schwäche und Ohnmacht wollte ich immer vermeiden. Nun werde ich vom Schicksal dazu gezwungen. Vom aufrechten, starken, mächtigen Pol werde ich in die Ohnmacht und Hilflosigkeit gezwungen. Die Angst vor Verletzungen ist auch eine Angst vor Ohnmacht und Hilflosigkeit.

Zu 6. – Ich muß Schritt für Schritt genau überlegen, ganz konzentriert sein. Früher konnte ich gehen, ohne zu denken.

Früher konnte ich fühlen, ohne zu denken, heute kontrolliert der Verstand die Gefühle.

Zu 7. – Ohne Stütze geht nichts. Ich schwanke stark und komme leicht aus dem Gleichgewicht. Ich brauche immer einen Halt, und es geht ganz langsam. Ich fühle mich gehemmt und an der natürlichen Bewegung gehindert.

Ich suche nach einer Stütze, nach einem Halt, damit ich Kraft habe zu gehen, um durch dieses Leben mit seinen vielfältigen Herausforderungen zu gehen. Wenn sich das Leben von seiner negativen Seite zeigt, falle ich sofort aus dem Gleichgewicht. Allein durch einen Konflikt schwankt bei mir schon der Boden. In diesen Situationen finde ich keinen Halt, ich weiß nicht, woran ich mich festmachen soll. Ich brauche die innere Unterstützung meiner Mitmenschen. Wenn mir diese Unterstützung nicht gegeben wird, dann komme ich ins Schwanken, dann finde ich keinen Halt. Das Fundament, auf dem ich gebaut habe, löst sich auf. Meine wahre Stütze und mein Halt sollten allein das göttliche Fundament in mir sein. Gottes Beistand, Liebe und Kraft sind beständig und unveränderlich.

Wenn die Seele stehen kann, ist sie stark, mutig, ohne Sperren, sicher und weiß sich geborgen, sie kann etwas durchstehen, es haut sie so schnell nichts um, wie ein Fels in der Brandung, stark und fest, standhaft und beständig.

Mal kann ich stehen und mal nicht. Nur für kurze Zeit kann ich stehen, dann geht es nicht mehr. Übertragen auf mein Leben: Dann werde ich in einem Konflikt beispielsweise nach kurzer Zeit hilflos und schwach. Es fehlt mir an Stehvermögen und Festigkeit und an der Bereitschaft, das auszuhalten.

Der Unterlegene in einem Konflikt zu sein ist noch schmachvoller. Es macht mich wütend, daß ich ohnmächtig und hilflos in einem Konflikt bin. Mein ganzer Groll richtet sich gegen mich selbst. Ich möchte stark, sicher und standhaft sein und ärgere mich, daß ich es nicht sein kann. Ich lehne mich ab in meiner Schwäche und Hilflosigkeit. Ein Dauerkonflikt, der mich ständig verunsichert. Ein unüberwindliches Hindernis!

Wie kann ich auf eigenen Beinen stehen lernen?

Zu 8. – Das Symptom zwingt mich zum Verzicht, es zwingt mich in einen kleinen Radius, es zwingt mich, Schwäche zu zeigen, und macht offenbar, daß ich unbeweglich und unfrei bin.

Mein Ziel war die Harmonie anstatt die Ganzheit. Das Negative habe ich nicht reingelassen, und negative Gefühle habe ich nicht rausgelassen. So komme ich nicht zum Ziel. Bis jetzt wollte ich über den Dingen stehen, erhaben sein und stark sein. Nun wird meine Schwäche offenbar. Durch andere wollte ich mich nicht aus dem Gleichgewicht bringen lassen. Mein Körper zeigt mir, wie leicht ich in Wirklichkeit aus dem Gleichgewicht zu bringen bin. Ich werde gezwungen, Schwäche zu zeigen. Wenn ich innerlich bereit bin, auch meine Schwächen anzunehmen und sie zu leben, dann braucht mich mein Körper nicht darauf aufmerksam zu machen.

Körperebene:
1. *Ich werde sehr schnell müde.*
2. *Ich habe keine Kraft in Armen und Beinen.*
3. *Allein schon das Essen finde ich anstrengend.*
4. *Auch lesen kann ich nicht lange.*
5. *Stehen kann ich nur ganz kurz.*

Seelische Ebene:
Stark ist jemand, der mit allen Problemen relativ gut fertig wird. Die den Widrigkeiten des Lebens mutig begegnen und alles mit einer gewissen Zuversicht angehen. Sie weichen auch nicht aus und gehen mutig drauf zu.

Ich weiche gerne aus und versuche unangenehme Dinge abzugeben und ihnen aus dem Weg zu gehen. Damit will ich nichts zu tun haben. Immer dann, wenn ich denke: „Das packe ich nicht", dann werde ich schwach. Wenn ich Verantwortung tragen soll, dann fällt mir das schwer. Wenn ich eine Situation nicht überblicken kann, dann ist es schwierig für mich. Ich traue mir einfach nicht zu, daß ich eine Lösung finden werde. Dahinter steckt die Angst, einen Fehler zu machen, keine Lösung zu finden und dadurch dumm dazustehen. Darum weiche ich den Problemen aus und gebe die Verantwortung ab.

Im familiären Bereich habe ich mich nur bei Entscheidungen, die mir wichtig erschienen, stark gemacht und eingesetzt. Da konnte ich mich auch durchsetzen. Ich wollte dann keine Veränderung mehr zulassen.

In den wichtigen Entscheidungen möchte ich schon, daß meine Vorstellung verwirklicht wird. Wenn es nicht geht, dann wurmt es mich. Ein großes Problem ist die völlige Beherrschung von meinen Eltern, wenn ich keinerlei Selbstbestimmung habe. Es ärgert mich schrecklich, daß ich vieles nicht mehr selbst machen kann. Früher war die Vorstellung, schwach zu sein, ganz schrecklich für mich. Nun werde ich dazu gezwungen, Hilfe anzunehmen, was früher auch sehr schlimm für mich war. Ich wollte auch niemanden fragen, ganz autark sein, ohne fremde Hilfe ganz eigenständig sein. Das war mein Ideal. Und auch von niemandem gefragt werden. Schon wenn ich auf eine Frage mit Ja oder Nein antworten soll, fühle ich mich beherrscht. Das schlimmste für mich war, hilflos und von anderen abhängig zu sein. Ich wollte aus diesem Grund niemals krank werden. Damit habe ich meinen großen Konflikt mit der Hilflosigkeit und der Abhängigkeit entdeckt. Ich bekämpfe einen großen Schatten, den ich erlösen muß.

Zuerst muß ich zu meiner Schwäche und meiner Hilflosigkeit stehen. Wenn ich weiß, es geht vorüber, dann kann ich das auch. Ich habe die falsche Vorstellung, daß alles so bleibt, wie es gerade ist. Meine Beine zeigen mir diese seelische Unbeweglichkeit. Nun muß ich noch bereit werden, Hilfe anzunehmen. Aus Angst vor Beherrschung und Unterdrückung habe ich Hilfe bis jetzt abgelehnt. Ich möchte nur unabhängig sein und nicht beherrscht werden. Davor habe ich Angst. Wie müßte meine innere Haltung sein, um Hilfe anzunehmen? Wenn ich weiß, daß ich innerlich immer ein freier und selbständiger Mensch bin, auch dann, wenn ich äußerlich Hilfe annehmen muß.

In unserem Leben müssen wir auch die Abhängigkeit, uns ein- und unterzuordnen, leben lernen. Wenn ich mich bejahend darauf einlasse, dann bin ich innerlich der Handelnde. Wenn ich diese Seite ablehne, bin ich Opfer.

Ich habe einen ständigen Konflikt durch die mangelnde Unterstützung von anderen. Von meinen Eltern fühle ich mich nicht unterstützt – das meine ich vor allem innerlich. Sie verstehen mich nicht, sie glauben mir nicht, ich fühle mich immer mißverstanden. Keiner versteht meine Krankheit. Ich kann nicht verkraften, wenn mich jemand nicht versteht, wenn er anderer Meinung ist. Da habe ich einen Riesenkonflikt. Es regt mich wahnsinnig auf, wenn einer eine extrem andere Meinung hat. Dann gehe ich in Opposition. Die Unterstützung in Form von Hilfe bekomme ich, die will ich aber nicht.

Wie löse ich diesen Konflikt auf? – Ich muß lernen, die mangelnde Übereinstimmung mit anderen auszuhalten. Sonst bin ich abhängig von dem Einverstandensein und der Anerkennung der anderen. Ich möchte vollkommen verstanden werden, aber das findet man nur bei Gott oder einem ganz guten Freund. Ich muß lernen, daß jeder Mensch ein Recht auf eine eigene Meinung hat und daß wir von 100 Menschen 100 verschiedene Meinungen erwarten können. Ich muß das, was andere mir sagen, anders bewerten. Ich darf überzeugt sein, daß ich die Dinge richtig sehe, aber ich muß nicht immer Recht bekommen wollen. Wenn ich alle Eigenschaften der anderen als meinen Spiegel oder Schatten erkennen kann, wandelt sich meine Einstellung.

Wenn ich gut gelaunt bin, ohne innere Anspannung, ohne Ängste, kann ich besser gehen. Dann bin ich innerlich locker und gelöst, und auch körperlich bin ich beweglicher und gelöster.

Ich kann nicht dort hingehen, wo meine Eltern wollen, daß ich hingehe. Ich kann nicht so sein, wie meine Eltern sich das vorstellen. Dadurch kann ich nicht hingehen, wo ich hingehen möchte. Wenn ich den Eltern gehorche, verspüre ich eine große Unzufriedenheit. Ich kann mich wahnsinnig über die Meinung meiner Eltern aufregen. Ich will oft nicht gehen, weil meine Eltern es wollen. Meine Trotzhaltung ist stark ausgeprägt. Meine Eltern lassen mich nicht frei bewegen, und nur weil es meine Eltern wollen, will ich zum Trotz mich nicht bewegen. Ich habe einen großen Konflikt, weil ich mich nicht frei bewegen kann. Ich werde ständig beobachtet, kritisiert, höre ständig Vorwürfe oder gute Ratschläge, man läßt mir keine freie Entscheidung und auch keine freie Meinung – werde wie ein Kleinkind behandelt. Meine Ansichten und Meinungen kann ich nicht verwirklichen und umsetzen. Ich liebe das flotte Leben und flotte, lockere Menschen. Ich lebe genau den Gegenpol von meinen Eltern. Darum bekämpfen sie mich. Nie entspreche ich den Vorstellungen der Eltern. Wie sehr sehne ich mich nach Einvernehmen, Harmonie und Freiheit.

Wenn ich mir selbst gehorche, bekomme ich einen Konflikt mit meinen Eltern. Wenn ich also keinen Konflikt mit meinen Eltern bekäme, könnte ich locker und leicht meinen Weg gehen. Ich muß lernen, mich für mich selbst zu entscheiden ohne Rücksicht auf die Meinung der Eltern. Dann könnte ich zu mir stehen und locker und leicht meinen Weg gehen.

Um mich ganz frei bewegen zu können, muß ich Selbstvertrauen entfalten. Dazu muß ich wissen: Wenn ich mir selbst gehorche, dann gehorche ich Gott. Ich muß innerlich frei werden von dem Verlangen nach Unterstützung und Einvernehmen mit meinen Eltern und mutig zu mir selbst stehen und meinen eigenen Weg gehen. Bisher wollte ich die Eltern immer überzeugen. Das hat wenig Erfolg gehabt. Die Verantwortung für mich und mein Leben muß ich selbst übernehmen, auch dann, wenn es unangenehm ist und Konflikte hervorruft.

Körperebene:
1. Ich bin wackelig auf den Beinen.
2. Ich bin unbeweglich.
3. Frei kann ich nicht laufen. Nur wenn ich mir einrede, daß es geht.
4. Ich muß ständig an mir arbeiten, daß ich das Vertrauen habe: Ich schaffe es.
5. Im Hause bin ich beweglicher, da fühle ich mich sicherer.
6. Wenn ich etwas zum Festhalten habe, ist es auch besser. Ich brauche eine Stütze.
7. Ich stolpere leicht, wenn ich nicht aufmerksam gehe.
8. Laufen und gucken zusammen kann ich nicht.

Seelische Ebene:

Zu 2. – Wo kann ich mich im seelischen Bereich nicht gut bewegen?

Wenn ich etwas gut finde, dann möchte ich, daß es so bleibt. Wenn es nicht so geht, wie ich mir das vorstelle und wünsche, dann murre ich innerlich und kann mich nicht darauf einlassen. Da bin ich sehr unbeweglich.

Wo möchte ich mich auf keinen Fall hinbewegen?

Wo es laut und hektisch ist, möchte ich auf keinen Fall sein.

Und ich möchte nicht in die Nähe meiner Eltern. Die ständige Unzufriedenheit meines Vaters, die fordernde Art meiner Mutter und das egoistische Verhalten meines Bruders stören mich.

Aggressive und wütende Menschen mag ich auch nicht. Ich möchte nicht mit ihnen in Berührung kommen.

Ich habe für mich den hohen Anspruch an Ordnung, Sauberkeit und äußere Reinheit. Dieses Ideal jedoch erreiche ich nie. Mein Anspruch ist immer höher, ich kann dem nie entsprechen. Unzufriedenheit, die aber unterschwellig ist, ist Folge. Ständig vergleiche ich mich mit anderen und bin dann meistens unzufrieden mit mir selbst.

Wenn ich zu den anderen schaue, werde ich oftmals verunsichert. Bei anderen sehe ich immer nur die eine gute Seite, die mir ins Auge fällt. Ich vergleiche und werde unzufrieden. Die Einheit des Lebens, die guten und schlechten Eigenschaften im anderen, kann ich nicht erkennen. Meine einseitige Idealvorstellung muß sich in bedingungslose Liebe wandeln. Bedingungslose Liebe, das ist das höchste Ideal.

Zu 3. – Frei kann ich nicht laufen. Nur wenn ich mir einrede, daß es geht.

Selbstbewußte Menschen haben ein bestimmtes Ziel vor Augen. Sie sind konsequent, unerschrocken und gehen mutig auf etwas zu.

Mir fehlt dieses Selbstvertrauen, um mutig und unerschrocken meinen Weg zu gehen. Ich benötige Unterstützung und ich bin unzufrieden, wenn die anderen mich nicht unterstützen. Von meinen Eltern fühle ich mich überhaupt nicht unterstützt. Ich habe vermißt, daß ich von mir nicht erzählen konnte. Man interessierte sich nicht für mich. Meine Interessen wurden belächelt. Ich wollte gern studieren. Meine Eltern wollten aber, daß ich eine Lehre mache. Ich habe mich an der Meinung meiner Eltern orientiert. Ich war zufrieden, weil die anderen zufrieden waren. Meine Eltern haben mich nicht unterstützt, und das ärgert mich bis heute. Auch als ich mit meinem Mann weggezogen bin, haben mich meine Eltern nicht unterstützt. Es ärgert mich, daß mein Bruder diese

Unterstützung bekommt. Er darf studieren, genau das, was ich mir so sehr ersehnt hatte.

Wie oft habe ich Konflikte durch mangelnde Unterstützung von anderen? –

Wann und wo unterstütze ich mich selbst nicht? –

Nehme ich Gottes Unterstützung in Anspruch? – Ist er meine Stütze? –

Ich fühle mich oft zu wertlos, um von Gott unterstützt zu werden.

Ich bin von meinem Wesen her sehr langsam, und ich finde darin keine Unterstützung von anderen. Ich ecke eher an. So bin ich in einem ständigen Konflikt zwischen dem, was geschafft werden soll, und meiner langsamen Art.

Die Gleichgewichtsstörung hat sich verstärkt:

Was hat mich aus dem Gleichgewicht gebracht? –

Es ging los mit den Schmerzen. Dann war da nur noch der Schmerz. Und der Zugang zu Gott fiel mir schwer.

Zuvor konnte ich schon nicht offen für alles sein, weil ich etwas Bestimmtes im Kopf festgelegt hatte. Etwas Unerwartetes lehne ich meistens ab. Darauf kann ich mich nicht einlassen. Da kann ich nicht flexibel sein. Es hat mich aus dem Gleichgewicht gebracht, weil es anders kam, als ich erwartet habe. Ich wollte in Herrn Müller – Name ist verändert – einen gläubigen und demütigen Menschen sehen, war aber durch sein Auftreten und seine Äußerungen völlig verwirrt. Innerlich habe ich zugemacht und war enttäuscht und depressiv. So blieb die Behandlung durch Herrn Müller erfolglos. Das macht mich noch depressiver. Ich brauche Erfolge. Kleine Erfolge sind mir zu wenig, ich brauche große Erfolge. Ich versteife mich krampfhaft auf etwas – und es geht nicht. Je krampfhafter ich etwas gewollt habe, desto weniger ist es geworden. So stehe ich ständig in dem inneren Konflikt zwischen dem krampfhaften Wollen und dem Nicht-Können.

Wie kann ich in meinem Leben ganz leicht etwas bewegen? – Wenn ich voll Vertrauen auf Gottes Unterstützung die Dinge angehe und geschehen lasse. Ich muß zurück in meine Mitte finden.

Wenn unter anderem die Blase betroffen ist:

Körperebene:

Oft muß ich ganz dringend auf die Toilette.

Der Drang ist so stark, daß ich es kaum bis zur Toilette schaffe.

Mein inneres Phlegma ist zu groß, um mich beizeiten zu überwinden, aufs Klo zu gehen.

Wenn ich ein bißchen merke und gleich gehorche, dann ist alles o.k. Dann geht es prima.

Nachts: Gegen Morgen schlafe ich so tief, und ich werde nicht wach, da geht es oft ins Bett. Im Tiefschlaf habe ich keine Kontrolle.

Seelische Ebene:

Schiebe ich im Leben die notwendigen Dinge auch vor mir her? So lange, bis der Druck so stark ist, daß ich dadurch gedrängt werde? Ja!!!

Je näher ich der Toilette komme, je dringlicher wird es, je größer wird die Angst.

Im Leben ist es so: Je näher ich dem erfolgreichen Ziel einer Aktion komme, desto größer wird die Angst, daß etwas schief gehen könnte. Die Anspannung ist so groß, daß ich den erfolgreichen Ausgang nicht genießen kann.

Durch den hohen Anspruch auf Perfektion in Beziehungen mit anderen und mit Gott mache ich mir Druck. Sobald ich diesen hohen Anspruch loslasse, löst sich der Druck auf.

Ich will auch alles gleichzeitig machen und alles genießen. Ich kann mich nicht nur für eines entscheiden und alles andere loslassen.

Manchmal lasse ich auch meinen Frust und meine Aggression raus, um andere unter Druck zu setzen – sie sollen sehen, wie krank ich bin. Das wird mir aber jetzt erst bewußt.

Nachts: Gegen Morgen schlafe ich so tief, und ich werde nicht wach, da geht es oft ins Bett. Im Tiefschlaf habe ich keine Kontrolle.

Im Leben möchte ich alles unter Kontrolle haben. Es darf nichts schief gehen. Ich möchte auch nicht schwach sein wie ein kleiner Bub. Das, was die Seele nicht lebt und unbedingt vermeiden möchte, das lebt der Körper.

Auf der einen Seite möchte ich, daß mir jemand hilft, andererseits machen sie zuviel für mich. Da habe ich große Probleme. Das Mittelmaß bekomme ich nicht. Entweder machen sie mir nicht das, was ich gern möchte, oder sie machen zu viel, was mich dann nervt. Meine Aggression gegen die Überfürsorge lasse ich sicherlich nachts los. Hier hast du etwas zu bemuttern! Auch möchte ich dann gern verletzen.

Ich habe regelrecht einen Ekel vor mütterlichen Figuren. Zu den Muttertypen habe ich ein ganz schlechtes Verhältnis. Durch viele Geschenke und zuviel Zuneigung fühle ich mich unter Druck gesetzt. Sie bekümmern sich um jeden Dreck.

Irgendwie habe ich die Gabe, daß sich alle um mich kümmern. Denn irgendwo möchte ich es ja auch. Bemutterung nimmt mir aber die Luft zum Atmen. Ich kann mir gut vorstellen, daß ich aus Protest bewußt ins Bett mache. Sie meinen es ja so gut, und deshalb habe ich Schwierigkeiten, mich zu wehren und abzugrenzen. Nachts, wenn ich keine Kontrolle habe, lasse ich den Protest los.

Meinen Protest verbal zu äußern macht mir Schuldgefühle. Das Bettnässen aber auch.

Das ist eine Trotzreaktion auf die Vorwürfe, die ich den ganzen Tag höre. Ich habe dermaßen die Wut, daß ich sie nachts loslasse. Es wäre ein Triumph für meine Mutter, wenn ich Windeln anziehen würde. Mit einer Windel fühle ich mich wie ein kleiner Bub, so richtig entmannt. Ich kann mich ja nicht wehren. Hinter der Bemutterung spüre ich den Anspruch: Wir sind die Eltern, und du bist nur ein geduldeter Gast. Als Revierabgrenzungskonflikt würde es der Fachmann bezeichnen. Die ständige Fragerei geht mir auf die Nerven, die ständige Kontrolle, ob ich ihnen wohlgesinnt bin. Ich liebe zwar die Kontrolle, aber ich möchte nicht kontrolliert werden.

Ich muß lernen, mich verbal abzugrenzen, ohne danach Schuldgefühle zu bekommen. Es ist mein Recht und auch meine Pflicht, meinen Bereich abzugrenzen. Eltern müssen lernen, die allgemeinen Menschenrechte auch bei ihren Kindern zu respektieren.

Körperebene:
Ich habe mit dem Wasserlassen Schwierigkeiten.
Ich spüre schnell einen Druck auf der Blase und muß dann sofort aufs Klo.
Es kann auch sein, daß ich es nicht ganz halten kann.
Ich habe ständig Angst, ich kann es nicht anhalten, es könnte etwas passieren, etwas danebengehen. Das wäre mir dann sehr unangenehm, peinlich, ich schäme mich und resigniere schnell.
Ich kann es irgendwie nicht ganz halten. Es geht manchmal etwas daneben, ohne daß ich es merke.
Aber auch der Druck kann sehr groß werden. Ich komme dann in Panik, weil ich Angst habe, es nicht aushalten zu können. Ich bin dann nur noch auf mich fixiert und denke nur noch daran, wo ich meinen Druck loslassen kann.

Symptomdeutung:
Bei der kleinsten Aufgabe spüre ich sofort den Druck, sie gleich zu erledigen. Wenn ich etwas liegenlasse, muß ich ständig daran denken, wann ich es tue. Reicht die Zeit? Reichen meine Fähigkeiten aus? Ich kann es kaum Gott überlassen und es innerlich loslassen. Auch kleine Aufgaben wachsen in mir zu einem Riesenberg, der mir oft unüberwindlich erscheint. Ich glaube dann, es nicht mehr schaffen zu können.

Innerlich bin ich der Ansicht, daß ich dem Druck nicht gewachsen bin, ihn nicht aushalten kann. Auch fühle ich mich oft den täglichen Aufgaben nicht gewachsen. Bei vielem fühle ich mich überfordert. Ich brauche eine Übersicht. Wenn ich das Gefühl habe, es wird mir zuviel, bekomme ich Angst, daß alles über mir zusammenschlägt, ich keine Kontrolle mehr habe und alles aus den Fugen gerät. Mein Einfluß ist nicht mehr da, ich fühle mich hilflos ausgeliefert, ohne Eingriffsmöglichkeit. Ich kann nicht mehr beeinflussen und meine dann, alles läuft schief und nicht mehr seinen richtigen und ordentlichen Weg. Es fällt mir schwer, einen Zustand, den ich nicht überschauen kann, auszuhalten. Es könnte ja etwas passieren, mit dem ich nicht zurechtkomme.

Ich habe den Glauben, wenn ich etwas nicht sofort tue, passiert z.B., daß ich andere verärgere oder ich stehe schlecht da, z.B. im Haushalt (was könnten die Nachbarn denken, wenn die Fenster nicht geputzt sind?) oder auf meiner Arbeit.

Auch wenn ich Konflikte nicht gleich lösen kann, habe ich Angst, es könnte etwas passieren, es könnte ein neues Symptom kommen. Unablässig beobachte ich mich, setze mich unter Druck, etwas tun zu müssen, um die Konflikte zu bereinigen. Ich kann es kaum Gott überlassen, den Zeitpunkt zu bestimmen und mich führen zu lassen. Wenn ich mich in einer Situation nicht wohlfühle, meine ich sofort, ich muß daran etwas ändern, sonst schadet es mir. Ich komme dann unter Druck, weil mir die Situation unangenehm ist und ich nicht ausweichen kann. Am besten muß alles so sein, wie ich es mir vorstelle, daß es gut für mich ist, sonst meine ich, es nicht auszuhalten.

Ich will mich oft beherrschen, lasse nicht alles so raus, wie ich fühle und denke. Ich meine, es schadet anderen und auch mir. Ich kann mich schlecht natürlich ausdrücken, so wie es gerade in mir ist. Am liebsten möchte ich alles gewählt und sachlich ausdrücken. Ich möchte auch keine Verunsicherung und Schwäche zeigen, sondern eine Person sein, die alles im Griff hat und darübersteht. Doch oft sieht es in mir ganz anders aus. Ich bin häufig unsicher, kann schnell aggressiv, schnell traurig sein, zeige es aber nicht. Und wenn es aus Versehen passiert, glaube ich, versagt zu haben, bekomme Schuldgefühle, daß das wohl unangebracht war. Die Reaktion von anderen war schon oft, daß sie es negativ fanden. Das hat mich noch mehr unter Druck gesetzt. Ich kann auch gar nicht so richtig sein, wie ich bin. Meistens will ich jemand Liebenswertes, Gewissenhaftes, Perfektes sein. Ich komme dadurch stark unter Druck, und es strengt mich an.

Oft habe ich gegen eine Situation, eine Aussage anderer etwas einzuwenden, sage es aber nicht, sondern tue so, als wäre es nicht schlimm und würde mir nichts ausmachen. Ich unterdrücke dann meine Antwort und mein Gefühl, und das macht mir Druck. Ich will immer gut dastehen. Das ist anstrengend und setzt mich unter Druck.

Wenn auch die Augen betroffen sind:

Körperebene:
Ich sehe nicht klar, meine Sicht ist getrübt.

Seelische Ebene:
    Einsicht,
    Durchsicht,
    Blickwinkel,

Nachsicht,
jemand kritisch betrachten,
nur eingeschränkt erkennen,
den Weg nicht erkennen,
keinen Blick für sich haben,
kein Auge für sich haben,
etwas nicht wahrnehmen,
blind auf einem Auge sein.

Wo sehe ich nicht klar? Wo fehlt mir die Sicht?

Ich kann nicht klar erkennen, welchen Weg ich gehen soll. Ich kann den Weg nicht richtig wahrnehmen. Ich habe von Sachen, die mein Leben betreffen, zweierlei Ansichten.

Mir ist auf einem Auge die Sicht genommen. Es ist trüb, die Sicht ist eingeschränkt. Was schränkt meine Sicht ein? Eigentlich die vielen unterschiedlichen Meinungen, was für mich richtig sein soll, welchen Weg ich zur Besserung einschlagen soll. Mir fehlt der Blick für den Weg, die Klarheit fehlt mir für die Sicht der Dinge. Ich bin so verunsichert worden, ich habe mich so verunsichern lassen, daß mir das Gespür für meinen Weg verlorengegangen ist. Ich bin zwiespältig. Ein Auge sieht den Weg klar, d.h. eine Hälfte von mir kennt den Weg, das andere Auge ist trüb, die andere Hälfte meines Selbst ist trüb, wie verwaschen. Ein Teil von mir ist nicht mehr sicher, sieht unklar, sieht mehreres, sieht eine andere Realität, eine eingetrübte, eingeschränkte Wirklichkeit, läßt am Rande einiges außer acht.

Mit dem Auge nehme ich nicht mehr alles wahr, ich erkenne nicht alles, erkenne nicht die Fülle, die Farbenpracht, ich erkenne nur einen Ausschnitt aus dem Leben.

Nehme ich nur mich wahr und lasse die anderen außen vor? Nehme ich nur das Leid, die Symptome wahr und nicht die übrige Schöpfung?

Ich empfinde das Leben oft eingeschränkt, sehe überall nur Arbeit, unerledigte Aufgaben. Die Schönheit, der Reichtum, alles sehe ich nur zum Teil, und ich beschränke mich dadurch. Ich habe diesen Teil aus den Augen verloren, und ich nehme nicht mehr alles wahr.

Auch beim anderen sehe ich nicht alles, sondern sehe ihn eingeschränkt, sehe einen Ausschnitt. Was nehme ich am anderen nicht wahr? Begrenze ich ihn auf bestimmte Eigenschaften, nur die, die ich sehen will, alles andere nehme ich nicht wahr? Sehe ich womöglich nur seine Begrenzungen?!

Was sehe ich am anderen? Was sehe ich nicht?

Ich will wohl eher das Negative, Unangenehme sehen, nehme eher die Schwierigkeiten wahr.

Wo nehme ich im Leben eher die Schwierigkeiten wahr, wo will ich nur bestimmte Seiten sehen? Wo schränke ich das Leben ein?

Wenn etwas plötzlich auf mich zukommt, nehme ich von dieser Situation nur das Schwierige wahr, das Unangenehme, ich sehe nicht mehr die vielen Schattierungen, sondern nehme zunächst nur die Last wahr. Ich sehe das Leben als Last und nehme das Schöne nicht wahr, nehme nicht wahr, daß mir alles gegeben ist, sondern sehe nur eine Seite des Lebens, von diesem Leben. Ich schränke meine Sichtweise ein, dadurch sehe ich die Vielfältigkeit nicht.

Ich begrenze mich nur auf die Symptome, sehe nicht, daß alles in mir vorhanden ist. Die anderen Seiten sehe ich nur schwer. Es fällt mir einfach aus den Augen, aus dem Sinn.

Wo fällt mir etwas nicht ins Auge? Für was bin ich auf einem Auge blind? Ich bin blind für das ganze Ausmaß, für die Vielfältigkeit des Lebens, für die vielen Möglichkeiten, die Hilfen. Ich sehe eher die Kritik der anderen, aber weniger die Liebe. Ich meine, wenn ich den anderen erzähle, was ich habe, dann nehmen sie nur noch die Symptome wahr. Die anderen können mir ja auch ganz anders begegnen, mit Vertrauen, Offenheit, Liebe, Verständnis. Da begrenze ich mich. Ich sehe nur einen Teil des Lebens, den, den ich sehen will.

Körperebene:

1. *Ein dichter grauer Schleier vor dem rechten Auge behindert mich.*
2. *Es ist wie eine graue Wolke, ich sehe alles grau.*
3. *Nur die Konturen kann ich noch erkennen, nicht die Details.*
4. *Der Schleier wird von Tag zu Tag dichter.*
5. *Ich habe das Gefühl, Watte klebt auf meinem Auge.*
6. *Es hindert mich daran, nach außen aktiv zu sein.*
7. *Es bringt mich dazu, daß ich mir mehr Ruhe gönne.*
8. *Es bringt mich zum Nachdenken und mehr zu Innenschau und Gebet.*
9. *Durch die Krankheit werde ich immer wieder zur Bescheidenheit aufgerufen.*
10. *In mir kommen Gefühle hoch wie:*
    Zweifel an meiner jetzigen Lebensführung, und ob ich das, was ich weiß, nicht richtig umsetzen kann?
    Resignation, weil ich das Gefühl habe, so nicht weiterzukommen.
    Angst, daß das Symptom nicht weggeht, weil ich nicht dahinterblicke.
    Ich habe den Zugang zu Gott verloren, und ich fühle mich einsam. Auch das Gefühl, getragen zu werden, ist nicht mehr da.
    Ich zweifel jetzt an dem ganzen Weg.
    Vielleicht habe ich vorher nur Glück gehabt, dieser Gedanke kommt in mir hoch.

Seelische Ebene:

Zu 1. – Im Bereich der praktischen Lebensführung sehe ich die Dinge wie durch einen Schleier nicht klar. Es bestehen ständig Zweifel an der Richtigkeit meines Handelns. Das ist ein ständiger Konflikt.

Außerdem bin ich mit meinem Leben nicht zufrieden, weil ein wichtiger Teil in mir zu kurz kommt. Alles, was mit Kreativität zu tun hat, kommt zu kurz.

Ich kann nicht klar sehen in bezug auf das Kind. Ich kann auf das Kind nicht eingehen, und darum zweifel ich an meiner Mutterrolle. Ich versuche die Leere mit den Kindern zu füllen.

Ich suche zwanghaft nach Erfüllung und kann nicht sehen, wie ich sie erreichen kann. Ich suche nach Geborgenheit und Sicherheit, nach einem warmen Nest. Es ist die Suche nach meiner inneren Heimat. Wenn ich nicht von Gott erfüllt bin (Liebe, Frieden, Vertrauen), bin ich leer. Ich bin enttäuscht, daß der Zugang zu Gott im Augenblick versperrt ist, daß ich ihn nicht sehen kann. Ich spüre den Schmerz, getrennt zu sein, auch körperlich. Ich frage mich, welcher Mangel hindert mich am Zugang zu Gott? Ich bin einfach blind für seine Gegenwart.

Wenn ich in Liebe und Frieden bin, dann bin ich von Gottes Geist erfüllt. Und alles, was ich in Liebe tue, erfüllt mich mit Frieden und Freude. Durch das Symptom bin ich in meinem Glauben an Gott völlig aus dem Gleichgewicht geraten. Ich kann seine Liebe und seinen Schutz nicht sehen und nicht spüren.

Meine bisherige Sicherheit war eine Scheinsicherheit, hervorgerufen durch eine falsche Sichtweise. Ich muß die Einheit von allem sehen lernen und mein einseitiges Bild von Krankheit und Gesundheit verwandeln.

Im Moment lebe ich im Kompromiß zwischen dem, was möglich ist, und dem, was nötig ist. Ich frage mich, warum nehme ich das so hin, warum akzeptiere ich das? Ich stehe im Zwiespalt zwischen echtem und falschem Verzicht.

Hingabe sehe ich als Opfer und als Bestrafung. Ich sehe die weiblichen Eigenschaften (die Hingabe, die Empfangende, die Intuition, die passiv Seiende) wie durch einen grauen Schleier. Die männliche Seite sehe ich im Licht. Mein Symptom zwingt mich, auch die Schattenseiten der männlichen Seite und das Gute der weiblichen Seite zu sehen.

Körperebene:

1. Ich kann schlecht sehen.
2. Ich muß ganz nahe herangehen, um etwas zu erkennen.
3. Ich habe einen Schleier vor den Augen.
4. Ich sehe meine Umwelt verschwommen.
5. Ich kann die Gesichter nicht richtig erkennen.
6. Das macht mich unsicher.
7. Das macht mich ängstlich.
8. Ich bin nicht sicher, ob ich alles sehe, ich habe Angst, etwas zu übersehen.
9. Die Feinheiten kann ich nicht sehen.
10. Ich werde gezwungen, nahe an die Dinge heranzugehen, um die Feinheiten zu erkennen.

Seelische Ebene:

Ich kann die Dinge nicht klar sehen, die Zusammenhänge nicht erkennen. Die Zeichen meiner Seele (Symptome und Bedürfnisse) kann ich nicht wahrnehmen. Die Feinheiten, wie bestimmte Eigenschaften und Wünsche, kann ich bei mir selbst nicht wahrnehmen.

In bezug auf meine Mitmenschen:

Im Dienst begegne ich jedem gleich – keine Sympathie, keine Antipathie. Ich lasse keine Nähe zu. Ich verstecke mich hinter der Höflichkeit. Ich lebe nach einem Ideal und übergehe mich selbst völlig. Den Schleier habe ich vor Augen, damit ich weniger auf andere und mehr auf mich schaue. Damit habe ich aber einen Konflikt, das fällt mir schwer.

Ich lasse keine Nähe zu – aber ich habe Sehnsucht nach Nähe. Warum lasse ich keine Nähe zu? Mein Ideal ist die Schranke. Außerdem Angst vor Enttäuschungen, Angst vor Macken, Angst, ausgenützt zu werden, wegen meines Berufes nur geschätzt zu werden, Angst, betrogen zu werden.

Mein Symptom zwingt mich nun, nahe an Menschen heranzugehen.

Körperebene:
Das eigentliche Sehen ist besser geworden. Es ist nicht mehr unklar, nicht mehr verschleiert. Das Bild zittert und wackelt ein wenig. Die Schärfe ist da, nur durch das Wackeln kann ich nicht so gut lesen.

Seelische Ebene:
Das Wackeln kann eine Unsicherheit bedeuten. Ich sehe schon klar und verstehe die Dinge des Lebens auch, aber ich bin im Innern noch unsicher und wackelig und stehe noch nicht fest dazu.

Körperebene:
Bei der Bewegung des Auges habe ich Schmerzen.
  Bei Sonnenschein bin ich absolut geblendet.

Seelische Ebene:
Ich kann die Einheit des Lebens nicht sehen. Ich bin vom positiven Denken abgekommen, habe daraufhin angefangen, negativ zu denken. Ich muß lernen, gute und schlechte Ereignisse und Eigenschaften positiv zu sehen. Bei anderen kann ich die negativen Eigenschaften schon gut akzeptieren. Nur bei mir selbst nicht. Das Positive kommt in meinem Leben zu kurz, weil ich es nicht sehe, weil ich alles grau sehe.
  Große Sehnsucht habe ich nach: Geborgenheit, Getragensein, Wärme, Frieden, Licht und Einheit. Und da ich glaube, daß ich das nur im Tod finde, habe ich regelrecht eine Todessehnsucht. Wenn ich die Einheit sehen könnte, dann würde ich keine Angst haben, was das Symptom betrifft. Ich würde die Einheit von Körper und

Seele sehen können. Und wenn ich die Einheit Gott/Mensch sehen könnte, dann würde ich mich geborgen und getragen fühlen.

Zweifel muß ich durch besseres Wissen auflösen. Den hohen Anspruch an mich selbst muß ich loslassen.

Körperebene:
1. *Es ist so dunkel vor meinen Augen.*
2. *Ich bin so geblendet.*
3. *Eingeschränktes Gesichtsfeld.*

Seelische Ebene:

Zu 1. – In meiner Seele ist es ebenfalls dunkel. Ich schaue immer in die Abgründe, in die Dunkelheit. Ich beklage das Leid, ich beklage das Eingeschränktsein in vielem, sehe auf das, was andere tun können und ich nicht, schaue auf die Mängel der anderen, vor allem bei meinem Partner und meinen Kindern.

Ich sollte mich auf das Helle im Leben konzentrieren. Ich muß lernen, daß das Leid mich zur Erkenntnis meiner seelischen Mängel und somit auch zur körperlichen Gesundheit führen will. Ich sollte nicht so sehr auf das schauen, was ich nicht so gut kann, sondern auf das, was ich gut kann, mich bei jeder Tätigkeit an irgend etwas freuen. Die Freude kultivieren und mir jeden Tag am Morgen schon überlegen, über was ich mich freuen kann. Daß ich mich bewegen kann, diese und jene Hausarbeit gut machen kann, daß die Sonne scheint, im Regen die frische Luft schnuppern, mich über meine Familie freuen, daß ich so schön im Grünen wohne und gleich in die Natur laufen kann und – und – und...

Ich sollte mehr auf die guten Eigenschaften meiner Mitmenschen achten – ich habe schon viele entdeckt, es gesagt und ihrerseits viel Freude hervorgerufen.

Die Angst, wie es weitergehen wird, ist auch so eine Dunkelheit. Die Symptome nehmen immer zu, die Angst, es nicht zu schaffen.

Ich muß die Zukunft Gott übergeben, an seine Hilfe glauben, um Vertrauen bitten, daß ich die Zweifel loslassen kann. Ich sollte daran glauben, daß, je mehr Licht ich in meine Seele bringe, desto mehr Licht auch wieder in meinen Augen ist.

Mich nicht von den dunklen Seiten erdrücken lassen. Es gibt selbst in den dunkelsten Situationen des Lebens auch etwas Helles. Den guten Sinn in allem sehen. Die Dunkelheit der Krankheit will mich ja ins Licht führen. Mich selbst sehe ich klein und minderwertig, nicht mehr leistungsfähig, für Freunde nicht mehr interessant, weil ich vieles nicht mehr mitmachen kann. Bin kein Partner mehr für sie, nur noch Krankenbesuchsobjekt, ein Objekt zum Bedauern. Fühle mich deshalb oft so nutzlos und unbeachtet.

Ich muß ein neues Bild von mir selbst schaffen, mich anders sehen: Als Mensch, der wächst, der lernt, der Bedeutendes für sich erarbeitet, was vielleicht andere nicht tun, der Fortschritte macht in den Augen Gottes, mit anderen Worten: Mich als Menschen sehen, der wertvoll ist, auch wenn er vielleicht in anderen Bereichen nicht mehr so leistungsfähig ist. Mich mit Gottes Augen sehen, nicht mit den Augen anderer Menschen und mich dann auch lieben, wie Gott mich liebt.

Zu 2. – Ich bin so geblendet.

Die Krankheit blendet mich. Ich kann gar nicht hinschauen, sie nicht akzeptieren. Ich muß lernen zu sagen, der Zustand meines Körpers ist im Moment so, ich nehme ihn an. Es ist die augenblickliche Situation. Ich lerne froh und dankbar zu sein für alles, was ich trotzdem tun kann. Ich übe andere Sinne wie Hören, Fühlen, Schmecken, Riechen, Genießen.

Der Wechsel von Sonne und Nicht-Sonne macht mir Schwierigkeiten. Ich möchte immer nur gerne eine Seite des Lebens anschauen. Aber es wechselt ständig hin und her.

Auch das Negative wie Leid, Krankheit, negative Stimmungen, Unfreundlichkeit, Nichtgeliebtsein, Verletztwerden annehmen. Das ist das Leben, es bleibt nie auf einer Seite stehen, es schwingt hin und her.

Auch meine negativen Gefühle annehmen wie Traurigkeit, Angst, Ärger, Zweifel, Neid, Wut. Es ist gut, wenn ich sie herauslasse und sie dann hinterfrage: Wo habe ich Widerstand und warum? Auch wenn die anderen ihre negativen Gefühle äußern, ist das gut.

Ich bin geblendet von dem Gedanken, immer lieb sein zu müssen. Lernen, spontan zu sein, meine Meinung, meine Bedürfnisse zu äußern, auch wenn es anderen nicht paßt.

Ich lasse mich von den Verletzungen, Nörgeleien, Unfreundlichkeiten meines Partners und meiner Kinder blenden. Ich will sehen, was dahinter steckt, meistens Angst, mangelnde Selbstliebe, Befreiung. Deshalb sollte ich meine Überempfindlichkeit loslassen und nicht Gleiches mit Gleichem vergelten, sondern Verständnis und Liebe geben. Dann bin ich nicht mehr geblendet und kann wieder bei jedem Licht sehen.

Ich bin geblendet vom Äußeren. Es ist immer so wichtig, wie ich aussehe (Kleidung, Frisör), mehr noch, wie mein Partner aussieht, er hält wenig auf sein Äußeres. Dann bin ich unzufrieden, als könnte ich ihn nur gern haben, wenn er schick ist. Dabei fühlt man sich beim"Schick-sein" oft so gezwungen und zieht auch die Sachen gerne wieder aus. Da ist es doch besser, legerer, bequemer herumzulaufen und sich wohl zu fühlen.Ich muß mehr auf mein Wohlsein und das der anderen achten als auf äußere Formen. Den wahren Kern in sich und anderen anschauen, anstatt an meinem Partner dauernd herumzunörgeln. Ihn in seinem Wohlsein unterstützen, dazu gehört auch sein Zimmer, das mir nicht gefällt; aber er fühlt sich wohl darin. Nicht auf die Wirkung im Außen achten, sondern auf des Wohlfühlen im Innern.

Es blendet mich die Vollkommenheit bei anderen, sei es in ihrem Äußeren, in ihrem Auftreten (sicher, gewandt), in ihrer Wohnungseinrichtung oder Vollkommenheit in ihren Gärten, oder aber auch wenn ihre Kinder „gut" erzogen sind. Dann entfalten sich bei mir Neid und Unzufriedenheit.

Ich muß lernen, mich nicht an anderen zu messen, sondern mich an der Vollkommenheit zu freuen.

Zu 3. – Eingeschränktes Gesichtsfeld. Ich will nur bestimmte Dinge sehen, das Gute, Schöne, Positive.

Vieles macht mir Angst, und ich kann nicht hinschauen: Krankheit, Krebs, Aids, MS, Glaukom, Blindheit, Krankenhäuser, Ärzte, Alter, Tod, Krieg, Leid, Katastrophen, negatives Urteilen bei anderen, Kritisieren, Verletzung, Aggression. Alles soll immer schön und friedlich sein, aber so ist das Leben nicht.

Die Abwehr aufgeben, sehen, wie das Leben wirklich ist. Nicht versuchen, die dunklen Seiten zu meiden, sondern mutig hingehen, den Sinn erkennen. Trennung von Gut und Böse aufgeben, bei Gott ist alles gut so, wie es ist. Alles will mich zum Lernen auffordern.

Mein Gesichtsfeld ist eingeschränkt, weil ich nur noch mein Leben und meine Krankheit sehe. Das Leben in der Welt und meiner Mitmenschen tangiert mich nicht mehr so sehr. Wenn ich mein Leid annehmen kann, wieder Anteilnahme am Leben entwickle und auch wieder andere Menschen sehe mit ihren Problemen und Nöten, müßte sich meine Einschränkung wandeln.

Mein Gesichtsfeld ist eingeschränkt, weil ich das Äußere, Sichtbare, dessen Unvollkommenheit mir oft Ärgernisse und Unzufriedenheit bereitet, nicht mehr so deutlich sehen soll. Unzufriedenheiten in meinem Äußeren, in dem der anderen, Unordnung in Haus und Garten, Ungepflegtsein. Nun kann ich alles, was z.B. im Garten unordentlich ist, nicht mehr gut sehen und deshalb auch nicht mehr mich grämen, unter Druck setzen und unzufrieden sein. Ich lerne die Unvollkommenheit gelassen anzunehmen.

Es heißt nun meine Aufmerksamkeit auf andere Dinge zu richten, auf die inneren Werte: Liebe in mir und anderen zu entfalten, Freude an den kleinen Dingen zu entwickeln. Zu erkennen, daß Freude und Zufriedenheit nicht von den äußeren Dingen abhängt, sondern von einem inneren Glück: Genießen, sich am Miteinander freuen, ob in Gesprächen oder einfach nur beieinander sein, in geselliger Runde oder zu zweit, sich auch körperliche Liebe schenken. Nicht immer: Hektik, Eile, Ordnung machen, keine Zeit füreinander haben, sondern Gefühle entwickeln, Zärtlichkeit, Zuwendung, Anerkennung, Liebe.

Mein Gesichtsfeld ist eingeschränkt, weil ich nicht weit und offen für die Vielfältigkeit des Lebens bin. Habe Angst vor neuen Wegen und Möglichkeiten, traue mir vieles nicht zu, meine, alles nicht mehr machen zu können wegen des schlechten Sehens (z.B. Reisen, Arbeit mit den Alten), habe Angst vor Menschenansammlungen, Städten und Verkehr. Habe mich von Aktivitäten und Freunden zurückgezogen. Wollte nicht dauernd gefragt werden: Wie geht es dir?

Nicht immer sagen: Das geht nicht, sondern ich versuche es. Es könnte doch sein, daß es klappt und Spaß macht.

Ist mein Gesichtsfeld eingeengt, weil ich Angst habe, Angst vor der Krankheit? Angst zeigt mir immer, daß ich mich einenge. Meine Krankheit, die mir so Angst macht, zwingt mich nun dazu, etwas Unangenehmes zuzulassen, weil es zum Leben gehört. Sie fordert mich auf, das ganze Leben zuzulassen, nichts mehr auszuschließen, zu erkennen, daß alles gut ist, denn letzlich dient es zur Entwicklung der eigenen Persönlichkeit. Die Angst ist eine Aufforderung, nicht mehr auszuweichen, sondern das Leben in seiner ganzen Fülle zuzulassen, das Positive im Unangenehmen zu erkennen.

Taubheit – Gefühlsstörungen:

Habe ich Gefühlsstörungen, weil ich mich nicht traue, meine Gefühle, wenn sie gegen andere gerichtet sind, zu sagen, um des lieben Friedens willen, um nicht abgelehnt zu werden, um gut dazustehen? Ich muß lernen, meine Gefühle und Wünsche vorzutragen.

Vielleicht habe ich mich taub gemacht, weil ich so viel verletzt werde, damit ich es nicht mehr spüre. Ich muß meine Verletzungen äußern.

Fühle ich das Leben nicht mehr, nehme ich an der Welt und ihren Problemen noch Anteil? Habe ich mich zu sehr versponnen in die Auflösung der Krankheit und alles, was damit zusammenhängt? Sollte ich mehr Zeitung lesen (strengt an), fernsehen und mich interessieren für das, was in der Welt geschieht? Ist es richtig, so viel nach innen zu hören und so wenig nach außen? Ich muß auch sicher wieder am Außen teilnehmen. Keine Seite zu sehr betonen, sondern das Gleichgewicht halten. Es ist so schwer, weil ich mich durch mein schlechtes Sehen und Unwohlsein im Kopf automatisch zurückziehe und mich mehr mit mir selber beschäftige. Ich sollte mehr Mitgefühl und Anteilnahme für meine Mitmenschen entwickeln, mich wahrhaftig dafür interessieren, was sie tun.

Außerdem habe ich Schwierigkeiten mit sexuellen Gefühlen. Meistens habe ich keine Lust, muß mich dazu seelisch stimulieren. Verschwende meistens keinen Gedanken daran, weiß aber, daß es unserer Beziehung helfen würde. In diesem Bereich sind meine Gefühle gestört, ich empfinde es nicht, brauche es nicht. Es müßte geweckt werden, aber wie? Vielleicht über Zärtlichkeit. Ich habe ein großes Bedürfnis nach Zärtlichkeit.

Gefühle, die Angst machen, meide ich, unterdrücke sie, darüber spreche ich nicht.

Was sagen mir die Gefühlsstörungen und das Eingeschnürtsein im Leibbereich? Die Enge im Leibbereich ist wie ein Panzer, wie ein Gürtel. Die Krankheit, besonders die ständige Verschlechterung macht mir Angst. Wenn ich Angst habe, bin ich eingeengt, kann keine klaren Gedanken mehr fassen. Alles dreht sich nur um die Krankheit.

Ich muß weit werden für das Leben, die Krankheit als Teil des Lebens sehen, der dazu gehört, der mir helfen will, mich selber besser zu erkennen, um ich selber zu sein.

Ich lasse mich auch von anderen Menschen einengen, die immer alles besser wissen, die mir immer wieder beweisen, daß ich alles falsch mache, weshalb ich mich ganz klein mache, einenge, unbedeutend werde. Ich muß mir meiner Bedeutung bewußt werden, indem ich mir klarmache, daß alles nur subjektive Meinungen sind, menschlich sind, daß ich in Gottes Augen den gleichen Wert habe wie sie und eine Kritik oder Verletzung mich deshalb nicht einengen muß.

Ich enge mich auch selber ein, indem ich durch Widerstand immer einen Teilbereich ausschließe. So bin ich nicht weit für alle Möglichkeiten des Lebens, sondern eng, auf bestimmte Möglichkeiten fixiert.

Ich kann mich nicht vor dem Leben beugen (das zeigen mir auch meine steifen Knie), so wie es nun mal ist, gerade was die Krankheit angeht. Ich lebe nach bestimmten Ordnungen und Normen und kann schlecht davon abgehen (ist schon besser geworden).

Ich bin wenig spontan, durchdenke und plane immer alles gerne im Voraus. Alles soll geregelt sein. Bin unbeweglich in meinem Denken, kann mich schlecht mit Neuem anfreunden. Bin nicht mutig und habe Angst, alles nicht bewältigen zu können (Besuch, Reisen, Reiseplanung). Drücke mich gerne vor Verantwortung, vor neuen Aufgaben und Herausforderungen (Schule, Mitarbeit bei Kirchenzeitung, Musikausschuß, Vorbereitung für ein Fest). Habe ja die Entschuldigung, daß ich krank bin! Überlasse gerne anderen die Arbeit und halte mich still im Hintergrund, bedaure gleichzeitig, daß ich keine Aufgaben habe. Locker in den Tag hinleben, nicht alles planen, mutig an Neues herangehen!

Wenn unter anderem auch die Hände betroffen sind:

Körperebene:
Ich kann die Hände schlecht schließen.
Ich kann die Finger nicht krümmen.
Ich kann nicht richtig zupacken.
Ich fühle mich steif, schwerfällig, unbeholfen.
Es geht einher mit Müdigkeit.
Ich bin ohne Antriebskraft und habe keine Lust, Aktivitäten zu starten.
Das Symptom zwingt mich zu mehr Ruhe.

Seelische Ebene:
Auf der geistigen Ebene kann ich wichtige Dinge nicht so gut festhalten, weil der Reiz des Neuen mich drängt. Möchte viel wissen und Neues erfahren.

In meinem Leben kann ich nicht richtig zupacken. Mein Gegenpol ist der dominierende Herrscher. Mir selbst habe ich Fesseln angelegt. Ich war einverstanden, daß man mich beherrscht, aus Bequemlichkeit und Konfliktvermeidung. Ich bin dem allem aus dem Weg gegangen. Rückzug war meine Lösung. Ich habe die anderen gewähren lassen, habe mein Leben nicht selbst in die Hand genommen, das war mir aber nicht bewußt. Deswegen habe ich Groll gegen mich und die anderen.

Denn eigentlich möchte ich überlegen sein. In der Familie sehe ich mich geistig überlegen. Mich stören aber Menschen, die sich hervortun und Macht anstreben. Ich für mich bin zufrieden mit meiner Stellung in der Gesellschaft. Der Groll bezieht sich darauf: Wie kann man sich unterstehen, mich zu beherrschen!!? Man soll mich doch in Ruhe lassen!

Da meine Umgebung überaktiv war und ist und auch die Macht hatte, war und bin ich in meiner Bewegung behindert. Die anderen drückten mir das Leben auf, das sie wollten. Ich war immer abhängig. Meine Seele ist ständig irgendwo verwundet worden, ich habe es nur nicht wahrgenommen.

Diese Art, über mich zu verfügen, bereitet mir Schmerz. Jede Entscheidung, die andere für mich getroffen haben, hat mich erschüttert. Weil diese Entscheidung mir zustand und ich es ungerecht empfand. Es betraf aber immer nur oberflächliche Dinge, und darum habe ich mich nicht gewehrt. Zur Schmerzvermeidung versuche ich ruhig zu sein und meine Interessen zurückzustellen, passiv zu sein.

Warum habe ich das so zugelassen?

Ein Mensch kann mich nur so weit beherrschen, wie ich es zulasse. Wenn es um Entscheidungen und Bequemlichkeit geht, dann bin ich in Gefahr, den anderen die Macht zu überlassen. Nur in extremen Situationen ergreife ich die Initiative. Ansonsten überlasse ich sie den anderen.

Ich muß meinen Schatten auflösen. Auch ich beherrsche unbewußt die anderen, nur hintenrum. Durch meine Gefühle, durch Motzen und durch Besserwisserei beispielsweise. Die Angst, daß ich von einem Menschen beherrscht werde, ist groß. Es ist mir wichtig, frei und unabhängig zu sein. Und im Augenblick bin ich durch meine Unbeweglichkeit vollkommen abhängig von anderen. Diese äußere Abhängigkeit offenbart mir meine innere Abhängigkeit.

Um lebensfähig zu sein, muß ich auch den anderen Pol leben. Ich muß lernen, mein Leben selbst in die Hand zu nehmen, freudig Initiative zu ergreifen, auch kräftig zuzupacken, wenn es sein muß, und mich eigenhändig durchzuboxen.

Ich habe gern Distanz zu Menschen. Zu große Nähe empfinde ich als unangenehm und stört mich. Früher habe ich mich in Abständen zurückgezogen, um ganz alleine zu sein. Das war mein Ausgleich, um wieder Kraft zu schöpfen und dann gestärkt in die Gemeinschaft zu gehen.

Heute habe ich diese Möglichkeit nicht. Zudem habe ich Angst vor dem Alleinsein, der Leere und die Angst, etwas zu versäumen. Am Abend ist die Angst, etwas zu versäumen, besonders groß. Freiwillig begebe ich mich nicht in die Stille, erst wenn mich mein Körper dazu zwingt. Ich vermeide etwas, was mir im Grunde ganz gut tut. In der Gemeinschaft kann ich gut still sein, aber wenn ich alleine bin, dann bin ich selbst gefordert. Alles, was ich zum Ausdruck bringe, wird geprüft. Der Ausdruck der Seele wird ständig kontrolliert. Sie kann nicht frei fließen.

Der Kritiker in mir läßt mir keinen Bewegungsraum. Er engt mich ein, und ich weiß nicht, wie ich mich bewegen soll (das zeigen mir auch meine Beine). Bin steif vor Angst, dem Kritiker nicht gerecht zu werden, und schwerfällig, mir etwas Gutes zu tun. Die schönen Dinge erlaub ich mir einfach nicht, aber auch die niederen Bedürfnisse wie Gammeln z.B. nicht. Der Kritiker in mir kann sich meinen Bedürfnissen nicht beugen. Er ist stur, hart, steif, unerbittlich. Gewissensbisse quälen mich, wenn ich ihm zuwiderhandle. Mir selbst gegenüber bin ich nicht aufrichtig. Der Anspruch in mir ist groß, ich will immer hoch hinaus, und deshalb tue ich oft gar nichts.

So entsteht die Lebensmüdigkeit, ich habe keine Lust und kein Interesse an Aktivitäten. Zu lange habe ich dieses üble Spiel mit mir treiben lassen. Ich möchte mich in Zukunft dem Willen Gottes beugen, meinen inneren Anstößen, und den Kritiker als ein von mir geschaffenes Wertesystem entlarven.

In der Kritik- und Nörgelsucht anderen gegenüber versteife ich mich auf das Prinzip von richtig und falsch – gut und böse. Die Auflösung dieser Wertung würde heißen: leben und leben lassen.

Jeder Mensch offenbart einen Teil von mir selbst. Um von den anderen zu lernen, muß ich zunächst die Probleme der anderen auch in mir sehen lernen. Man muß einfach sehen, daß die Probleme bei allen Menschen gleich sind. Dann brauche ich keine Mauer mehr. Wenn zwei

Menschen die gleichen Schwierigkeiten haben, sind sie sich nahe, sie haben etwas gemeinsam. So löst sich die große Distanz auf. Wenn ich darum weiß, dann kann ich mich auch viel leichter offenbaren.

Immer wenn ein Mensch sich mir mitteilt, sollte ich lernen, dahinterzublicken und die seelische Not zu sehen. Vorher habe ich mich nicht berühren lassen, ich habe Mauern gebaut (das zeigen auch die starken Gefühlsstörungen auf der Körperebene).

Bei meiner Frau möchte ich anfangen, mich berühren zu lassen, indem ich das, was sie von sich sagt, verstehen lerne, indem ich es auch in mir sehe. Die Gefühlsbewegungen bei meiner Frau sind heftig und katastrophal, da mußte ich mich distanzieren. Das war sonst zu viel für mich. Mir werden jetzt erst meine Konflikte bewußt mit diesen schnell wechselnden Gefühlsregungen. Es hat mich doch gestört, obwohl ich durch Distanz versuchte, es mit Abstand zu sehen. Wie kann ich diese Konflikte auflösen?

Zunächst sollten mir diese unbewußten Konflikte alle bewußt werden.

Unbehagen spüre ich, wenn meine Frau wie ein Gummiball herumhüpft, wenn sie überschwenglich ist und übertreibt, wenn sie ihre Meinung alle zehn Minuten ändert und wenn sie so tragisch macht, dann kann ich sie nicht ernst nehmen. Dadurch habe ich mich überhaupt nicht mehr berühren lassen, sonst wäre ich verrückt geworden. So konnte es zu einer Gefühllosigkeit kommen.

Ich habe also einen Konflikt mit der schnellen und heftigen Wesensart meiner Frau. Ich muß dahin kommen, daß ich diese Wesensart anschauen kann, ohne daß es mich stört. Sobald ich mich ohne Widerstand auf den anderen einlasse, kann ich es anschauen und zulassen. Berühren lassen bedeutet Mitgefühl und Verständnis entwickeln. In Liebe muß ich die Schwächen der anderen anschauen lernen, bin ich doch selbst von Schwächen nicht frei.

Wenn ich mich anrühren lasse, habe ich Angst, die Kontrolle über meine Gefühle zu verlieren. Ich will jedes Gefühl im Griff haben.

Weil ich Angst habe, die Gefühle an sich würden mich außer Kontrolle geraten lassen. Ich habe die Vorstellung, wenn ich die Kontrolle über meine Gefühle verliere, dann ist alles aus. Dann bin ich völlig ohnmächtig den Gefühlen gegenüber, und alles wird zerstört.

Dem Idealbild, dem ich entsprechen will, ist: Ganz beherrscht über allem zu stehen. Unbeherrschte, aggressive Menschen habe ich früher ganz stark verurteilt. Natürlich mag ich das auch bei mir nicht. Andere sollen an mir keine Gefühle sehen. Ich habe Angst, daß man auf meinen Gefühlen herumtrampelt. Gefühle zeigen sieht man allgemein, und ich selbst auch, als Schwäche an. Wenn ich keine Gefühle zeige, bin ich geschützter. Zeige ich Gefühle, dann kann man mich leichter manipulieren.

Gefühle haben ist grundsätzlich gut. Sie sind Hinweise auf eine innere Haltung. Jedem Gefühl geht ein entsprechender Gedanke voraus. An den Gefühlen können wir nichts ändern, aber die Einstellungen können wir ändern. So muß ich meine Einstellung gegenüber den Gefühlen verändern, um bereit zu werden, Gefühle zu leben.

Ich bin den Gefühlen nicht hilflos ausgeliefert, weil ich die Gedankenmuster, die die entsprechenden Gefühle hervorrufen, verändern kann. Negative Gefühle wollen mich immer nur auf meine negativen Einstellungen hinweisen. Somit sollte ich nicht meine Gefühle unter Kontrolle haben, sondern meine Gedanken. Selbst wenn ich mal die Kontrolle verliere, bedeutet das auch nicht den Weltuntergang. Wenn die „Pferde" durchgehen, werden sie irgendwann müde und bleiben stehen. Der „Kutscher" sollte dann die Einstellung korrigieren.

Wenn jemand meine Gefühle erkennt, dann erkennt er zugleich die dahinterstehende Einstellung. Meine Vorstellung war bis jetzt, daß ich die Einstellung nicht verändern kann. Nun, da ich weiß, daß man die Einstellung ändern kann, ist es nicht schlimm, wenn jemand mich erkennt. Es ist ja nur eine Momentaufnahme. So kann ich und will ich zu meinen Gefühlen stehen.

Bis jetzt wollte ich mein Leben und meine Umgebung in den Griff bekommen. Dahinter verbirgt sich eine große Angst, die Angst vor Leid. Ich habe das Gefühl, den Leidenszustand halte ich nicht aus. So versuchte ich zu manipulieren. Damit habe ich ausgesät, was ich nun ernte. Ich muß lernen, die Leute anzunehmen, wie sie sind und sie entscheiden lassen, wie sie wollen. Die Angst vor den Veränderungen und dem Leid muß ich auflösen und einverstanden werden mit dem Fluß des Lebens.

Völlig machtlos fühle ich mich der Krankheit gegenüber. Sie ist in meinen Augen etwas, was mich von oben herab erdrückt, zerstört und auf mir lastet. Die Krankheit erscheint mir als große Macht.

Die Macht der Krankheit liegt auf der körperlichen Ebene. Der Körper hat eine gewisse Macht. Doch er gehorcht dem Gesetz: absolut wahrhaftiger Ausdruck der Seele zu sein. Meine Schwierigkeit: Ja – in leichten Dingen – in schweren Erkrankungen: Nein!!!

MS ist in Wirklichkeit nicht mehr als ein schwerer Schnupfen. Es sind ebenfalls unbewußte, ungelöste seelische Konflikte. Der Schnupfen ist eine akute Krankheit und offenbart mir akute Konflikte mit meiner Umwelt, die sich leichter lösen lassen als chronische Dauerkonflikte durch die eigene Wesensart bei chronischen Erkrankungen. Die Macht, die ich dieser Krankheit zugeschrieben habe, ist also nicht korrekt. Der Körper ist immer wahrhaftiger Ausdruck meiner Seele. Verändere ich etwas in der Seele, zeigt sich das im Körper. Die Schwierigkeit liegt allein darin, die Konflikte zu entdecken und sie aufzulösen.

Erkennen und Handeln

An diesen Ausarbeitungen läßt sich deutlich erkennen, wie sich die Betreffenden schrittweise an die innere Wahrheit herangetastet haben und wie ihnen in bezug auf ihre innere Situation langsam die ‚Augen aufgingen'. Was sie anfangs noch nicht sehen konnten, war am Ende der Auseinandersetzung auf einmal ganz klar. Und jeder einzelne war berührt. Man begann die Sprache der eigenen Seele zu verstehen, und jeder spürte, daß man auf diese Weise zu jeder Zeit noch mehr über sich erfahren kann.

Durch den Vergleich mit den sehr unterschiedlichen Ausarbeitungen von zehn MS-Kranken wird für jeden Betroffenen wie für den Außenstehenden eine gewisse Übereinstimmung deutlich sichtbar. Trotz der individuellen Verschiedenheit besteht ein allen gemeinsames Grundmuster und Grundproblem.

Doch nun noch ein paar Gedanken zu dem Begriff ‚Autoaggression'. Die Mediziner sprechen bei der MS von einer Autoaggressionskrankheit, weil sich das Immunsystem zerstörerisch gegen den eigenen Körper richtet.

Was will die Seele uns damit sagen? Irgendwo verhalten wir uns zerstörerisch gegen uns selbst. Vielleicht stellen wir zu hohe Ansprüche an uns und leben nach hohen Idealen, ohne zu bemerken, wie häßlich wir dabei mit uns selbst umgehen. Besonders dann, wenn wir hohe Ideale anstreben, können wir oft unsere eigene Schwachheit und Begrenztheit nicht annehmen. Entweder wir machen uns selbst etwas vor, indem wir bestimmte Eigenschaften völlig ignorieren und ein sogenanntes Pseudodasein leben, ohne daß es uns bewußt ist. Oder wir quälen uns unentwegt mit Schuldgefühlen und Selbstvorwürfen, wenn wir einmal versagen oder wenn uns Fehler unterlaufen. Angesichts unseres Unvermögens werten wir uns dann selbst ab, fühlen uns entsetzlich minderwertig und lehnen uns ab. Auf diese Weise bekämpfen und zerstören wir uns selbst.

Unbewußt spüren wir einen Mangel, und diesen Mangel versuchen wir auszugleichen, vielleicht durch hohe Leistungen oder durch ein soziales Engagement. Das wiederum verlangt viel Zeit und Opfer, und unsere eigenen Bedürfnisse geraten unbeachtet in den Hintergrund. Zugunsten eines harmonischen Verhältnisses mit anderen sind wir bereit, unsere eigenen Wünsche und Bedürfnisse zurückzustellen. Da wir uns selbst weder Anerkennung noch Wertschätzung geben können, versuchen wir (wieder völlig unbewußt) bei anderen Wohlwollen und Zuwendung zu bekommen. Durch dieses Verlangen geraten wir in ein Abhängigkeitsverhältnis den anderen gegenüber, und wir sind immer mehr bereit zu opfern, um bei anderen gut dazustehen.

Wie oft entscheiden wir uns alleine durch unseren Anspruch auf Höflichkeit und Gastfreundlichkeit gegen uns selbst? Und wie oft unterdrücken wir unsere Aggressionen oder unsere innere Traurigkeit, nur um anderen gerecht zu werden oder ihnen nicht weh zu tun. Es gibt viele Gelegenheiten im täglichen Leben, wo wir uns unentwegt zerstörerisch gegen uns selbst verhalten.

Man sagt außerdem, daß MS im Grunde eine Stoffwechselerkrankung ist, und auf der Körperebene ist zu sehen, daß die Kommunikation nicht stimmt. Das bedeutet für die seelische Ebene, daß der seelisch-geistige Austausch irgendwie gestört ist. Und tatsächlich gibt es bei allen MS-Kranken, die ich kennengelernt habe, Schwierigkeiten in diesem Bereich. Es sind kleine Schwierigkeiten, wie man zunächst meint, die dennoch sehr störend und belastend sein können. Denn viele kleine ungelöste Unzufriedenheiten und Kränkungen können ebenso schmerzlich und niederdrückend für uns sein wie ein großer Konflikt.

Die Schwierigkeiten in dem Bereich der Kommunikation sind nun ganz unterschiedlich.

Für die eine Gruppe der Betroffenen ist das Gespräch von größter Bedeutung. Diese Menschen sind sehr glücklich, wenn sie sich von ihrem Gesprächspartner verstanden fühlen, wenn sie sich voll Vertrauen dem anderen offenbaren und mitteilen können und wenn in gegenseitigem Einvernehmen ein seelisch-geistiger Austausch möglich ist. Dann geht diesen Menschen das Herz auf, so ein Gespräch ist für sie das Höchste. Verständlicherweise streben diese Menschen in ihrem Alltag unentwegt nach diesem höchsten Ziel, und wenn die Gespräche in ihrer Umwelt nicht gelingen oder gar nicht möglich sind, dann ist das für sie sehr unbefriedigend. Nun ist es oft so, daß gerade der Partner, der wichtigste Mensch, so ganz anders veranlagt ist und weniger Wert auf lange und tiefgehende Gespräche legt. Vielleicht ist der Partner ein introvertierter Mensch, der wenig von sich mitteilt und möglichst alles mit sich alleine ausmacht, der auch wenig von anderen wissen möchte und mitteilsame Menschen lieber meidet. Wir können uns nun vorstellen, daß es für den Partner, der das Gespräch über alles liebt, in dieser Beziehung tiefgreifende Probleme gibt, die auf Dauer krank machen können.

Die andere Gruppe der Betroffenen legt großen Wert auf ein knappes, aber präzises Gespräch. Für diese Menschen ist es wichtig, daß sich die Beteiligten ganz korrekt ausdrücken. Sie verlassen sich auf den Buchstaben und auf jedes Wort und fragen nicht, ob der andere es wohl so meint, wie er es sagt. Diese Menschen haben unentwegt Probleme mit ihren Mitmenschen, die so viel reden und doch wenig sagen und sich dabei nicht korrekt ausdrücken. Oft fühlen sie sich auch von ihrer Umwelt übergangen und nicht verstanden, weil sie zu wenig sagen und sich nicht einbringen. Und wenn sie durch ihre Verschlossenheit immer kontaktärmer werden, machen sie sich deswegen unentwegt Selbstvorwürfe. Auch für diese Menschen gibt es im Bereich der Kommunikation tiefgreifende Probleme, ohne daß es ihnen vielleicht so recht bewußt ist.

Dann gibt es da noch die überempfindlichen Menschen, die sich ständig angegriffen fühlen, die jedes Wort auf die Waagschale legen, vieles mißverstehen und vieles in den falschen Hals bekommen. Dadurch wird das Leben und das Miteinander oft zur Qual, für die Betroffenen selbst wie für die Umwelt.

Ich bin überzeugt, daß dieser Konfliktbereich für die meisten MS-Kranken zutrifft, aber auch für viele andere Erkrankungen, die mit einer Stoffwechselstörung verbunden sind.

Damit haben wir etwas sehr Wichtiges erkannt. Doch die Erkenntnis ist immer nur der erste Schritt auf dem Wege der Besserung. Nun muß die Umsetzung, die Veränderung auf der seelischen Ebene, folgen. Wenn wir uns aus Dankbarkeit über die wegweisende Erkenntnis zum Gehorsam verpflichtet fühlen, dann werden wir uns sofort darum bemühen, das neu Erkannte auch zu tun.

Viele von uns haben aber große Schwierigkeiten mit der Umsetzung des Erkannten. Aus irgendeinem Grunde fällt es uns schwer, zu hören, zu gehorchen, womit wir auf ein weiteres Hindernis stoßen, das überwunden werden muß.

Im Gleichnis vom Sämann wird uns diese Schwierigkeit deutlich gemacht:

Ein Bauer ging aufs Feld, um zu säen. Als er die Körner ausstreute, fiel ein Teil von ihnen auf den Weg. Die Vögel kamen und pickten sie auf. Andere fielen auf felsigen Grund, der nur mit einer dünnen Erdschicht bedeckt war. Sie gingen rasch auf; als aber die

Sonne hoch stieg, vertrockneten die jungen Pflanzen, weil sie nicht genügend Erde hatten. Wieder andere fielen in Dornengestrüpp, das bald das Korn überwucherte und erstickte. Doch nicht wenige fielen auch auf guten Boden und brachten Frucht. Manche brachten hundert Körner, andere sechzig und wieder andere dreißig. Und Jesus sagte: Wer hören kann, soll gut zuhören! –

Ich will euch sagen, was das Gleichnis vom Sämann bedeutet. Es gibt Menschen, die die Botschaft hören, daß Gott seine Herrschaft aufrichten will; aber sie verstehen sie nicht. Dann kommt der Feind Gottes und reißt aus, was in ihr Herz gesät worden ist. Bei ihnen ist es wie bei dem Samen, der auf den Weg fällt. Bei anderen ist es wie bei dem Samen, der auf felsigen Grund fällt. Sie hören die gute Nachricht und nehmen sie sogleich mit Freuden an; aber sie kann in ihnen keine Wurzeln schlagen, weil diese Leute unbeständig sind. Wenn sie dieser Botschaft wegen in Schwierigkeiten geraten oder verfolgt werden, werden sie gleich an ihr irre. Wieder bei anderen ist es wie bei dem Samen, der in das Dornengestrüpp fällt. Sie hören zwar die gute Nachricht; aber sie bleibt wirkungslos, weil diese Menschen sich in ihren Alltagssorgen verlieren und sich vom Reichtum verführen lassen. Dadurch wird die Botschaft erstickt. Bei anderen schließlich ist es wie bei dem Samen, der auf guten Boden fällt. Sie hören und verstehen die gute Nachricht und bringen Frucht, manche hundertfach, andere sechzigfach und wieder andere dreißigfach. (Matth. 13,3-9 und 19-23)

Auch wenn im Gleichnis von dem einen und dem anderen gesprochen wird, sind dennoch alle beschriebenen Verhaltensweisen einem jeden von uns bekannt.

Am Anfang heißt es:

„*Es gibt Menschen, die die Botschaft hören, daß Gott seine Herrschaft aufrichten will; aber sie verstehen sie nicht. Dann kommt der Feind Gottes und reißt aus, was in ihr Herz gesät worden ist.*"

Verstehen wir, was es bedeutet, wenn Gott seine Herrschaft aufrichten will? Daß z.B. sein Friede, seine Liebe und seine Weisheit in uns regieren wollen? Hören wir in dem Hilferuf unserer Seele, den wir gerade vernommen haben, den Aufruf, in die göttliche Ordnung und in das Heil zurückzukehren?

Wie oft gleichen wir doch dem Samen, der auf den Weg oder auf felsigen Grund fällt. Wir erkennen in dem Symptom nicht den Boten, der uns zurück ins Vaterhaus, in den Frieden und in das Heil führen möchte. Darum bekämpfen wir das Symptom und suchen verzweifelt Wege und Möglichkeiten, um es loszuwerden.

Sind wir so weit offen, daß wir den inneren Aufruf hören und auch verstehen, dann müssen wir nur noch dem Rufe folgen. Denn wahrnehmen und gehorchen gehören zusammen. Dieser Wandel ist notwendig, um heil und gesund zu werden. Wenn wir damit Schwierigkeiten haben, dann zählen wir zu dem Samen, der unter Dornengestrüpp fällt: *„Sie hören zwar die gute Nachricht; aber sie bleibt wirkungslos, weil diese Menschen sich in ihren Alltagssorgen verlieren und sich vom Reichtum verführen lassen. Dadurch wird die Botschaft erstickt."*

Das bedeutet in unserem Fall: Wir hören die Botschaft unserer Krankheitsanzeichen und verstehen auch, woran es fehlt, schaffen es aber trotzdem nicht, eine Veränderung herbeizuführen. Wir bemühen uns, den krankmachenden Konflikt aufzulösen, sehen auch ein, daß wir dem inneren Ruf und der göttlichen Weisheit gehorchen müssen, und verharren dennoch in unserem alten Verhaltensmuster. Und weil wir uns so schwer tun zu gehorchen, führt die vernommene Botschaft keine Veränderung herbei. Alle guten Ideen und Erkenntnisse bleiben wirkungslos, weil die Umsetzung in die Praxis nicht folgt. Ganz schnell verlieren sich die neuen Einsichten im gewohnten Alltag, und unsere Symptome müssen uns weiterhin auf die inneren Mißstände hinweisen.

Unser Unvermögen in bezug auf das Hören und Gehorchen wird uns sehr deutlich. Was aber können wir tun? Dazu wollen wir uns den Heilungsbericht eines Tauben einmal genau anschauen:

Danach verließ Jesus die Gegend von Tyrus und reiste durch Sidon an das Galiläische Meer, mitten in das Gebiet der „zehn Städte" östlich des Jordans. Dort brachten sie einen Tauben zu ihm, der nur mühsam reden konnte, und baten ihn, er möge ihm die Hand auflegen. Jesus nahm ihn beiseite, so daß er allein mit ihm war, legte ihm die Finger in die Ohren, berührte seine Zunge mit Speichel, sah zum Himmel und seufzte und sprach: Öffne dich! Da gingen die Ohren des Tauben auf, die Fessel löste sich, die seine Zunge gebunden hatte, und er redete wie andere Menschen.
(Mark. 7,31)

Auf unsere Situation bezogen, will uns dieser Bericht folgendes sagen: „Öffne dich" mit Herz und Sinn für deinen neuen Weg! Sage Ja zu der Veränderung und dem Wandel! Und siehe, wie gut es für dich ist, wenn du den Wandel zuläßt! Öffne dich bereitwillig für die göttliche Ordnung der Liebe und erkenne den einzigartigen Heilungsweg!

In dem Augenblick, in dem wir uns bereitwillig öffnen und einverstanden sind, die neuen Einsichten und Einstellungen zu übernehmen, werden sich auch unsere inneren Blockaden und Fesseln lösen. Die Botschaft unseres inneren Aufrufes findet dann ein offenes Herz und ein wahrhaft offenes Ohr.

Diejenigen, die die Botschaft des Lebens vernehmen und verstehen und auch danach leben, bringen reiche Frucht. Im Krankheitsfalle wäre die gute Frucht die Gesundheit. Die Lahmen können sich wieder bewegen und mutig voranschreiten, die Blinden können wieder sehen und die Tauben hören. Bereitwillig lassen wir den Wandel zu und folgen den inneren Einsichten.

Bei sehr hartnäckigen Konflikten jedoch besteht die Möglichkeit, sich schriftlich damit auseinanderzusetzen. Aus dem Gleichnis vom „verlorenen Sohn" und dem Heilungsbericht des Gelähmten kann man folgendes Konzept zur Konfliktlösung ableiten:

Der Sohn hat das Vaterhaus – den göttlichen Frieden, die göttliche Liebe – verlassen und erkennt, daß er leidet.

1. Den inneren Widerstand bewußtmachen.

   Wir schauen uns unseren Konflikt genau an und stellen beispielsweise fest: Ich habe Angst, ich bin verärgert, ich bin enttäuscht.

2. Argumente finden, die den Widerstand bestärken.

   Alle widerstrebenden Gefühle und Argumente, die unsere Ablehnung begründen und bekräftigen und meistens sehr überzeugend sind, machen wir uns bewußt und schreiben sie auf.

   Zum Beispiel: Ich bin verärgert und enttäuscht, weil ich mir durch eine kurze Unachtsamkeit das Bein gebrochen habe. Nun fällt die Urlaubsreise, auf die ich mich ein ganzes Jahr gefreut habe, ins Wasser. Die ganze Familie wird durch diesen Unfall belastet. Ich bin in meiner Beweglichkeit so sehr eingeschränkt, daß ich ständig die Hilfe der anderen beanspruchen muß. Das ärgert mich, ich bin enttäuscht! Wieso mußte mir so etwas passieren? Ich fühle mich benachteiligt, ja regelrecht bestraft. Wenn ich daran denke, wie lange es dauert, bis ich wieder richtig laufen kann, bekomme ich Angst.

Der „verlorene Sohn" besinnt sich nun darauf, daß es ja noch den Vater gibt.

3. Wir machen uns bewußt, daß das Vaterhaus, das Reich Gottes, ganz nahe ist – unser wahres und heiles Selbst ist. Alles wonach wir uns sehnen, und wessen wir bedürfen, ist im Vaterhaus im Überfluß vorhanden, und wir haben die Möglichkeit, heimzukehren in die Geborgenheit des Vaters, in seine Liebe und in seinen Frieden.

Für unser Beispiel bedeutet das: Wir besinnen uns darauf, daß wir auch in dieser mißlichen Lage nicht allein sind und daß wir im Vaterhaus mit allem versorgt werden, wessen wir bedürfen.

Nun überlegt der leidende Sohn, wie er dem Vater begegnen will: Vater, ich habe unrecht getan gegen dich.

4. Wir machen uns bewußt, daß wir uns in unserem Widerstand gegen die Weisheit des Vaters und gegen seine Liebe auflehnen.

In unserem Beispiel war der unerwünschte Unfall der Anlaß, weshalb wir aus dem inneren Frieden herausgefallen sind. Wir sind aufgebracht, und wir können die Weisheit und Liebe des Vaters in unserer Situation nicht erkennen. Solange wir unsere Empörung berechtigt finden, verbleiben wir in unserem Widerstand.

„Willst du gesund werden – willst du heil werden in deiner Seele?"

Das ist die Frage, die Jesus an dieser Stelle allen Leidenden stellt. Und so fragen wir uns, ob wir bereit sind, unseren Standpunkt zu hinterfragen und zu korrigieren? Mit Herz und Verstand müssen wir wahrhaft dazu bereit werden. Wenn wir einsehen, daß wir uns in unserem Widerstand Gott gegenüber immer im Unrecht befinden, dann werden wir demütig bereit, uns auf die Weisheit und die Liebe des Vaters einzulassen.

Dann stehe auf und mach dich auf den Weg!
Widerstrebe dem Übel nicht, nimm dein Kreuz – deine Situation auf dich und folge mir nach!

5. Nun müssen wir jedes einzelne Argument unseres Widerstandes auflösen, indem wir es an der göttlichen Wirklichkeit ausrichten.

   Dazu stellen wir die einzelnen Argumente, die wir zu Punkt 2 aufgeschrieben haben, der göttlichen Weisheit und Liebe gegenüber, um uns von seiner Ordnung überzeugen zu lassen. Wenn wir unseren Irrtum erkennen und aus Einsicht seine Sichtweise und seinen Standpunkt übernehmen können, dann folgen wir ihm – seiner Weisheit und seiner Liebe – nach. So müssen wir uns auf den Weg machen und alle Widerstände auflösen, bis wir in uns die befreiende Liebe und den erlösenden Frieden spüren.

   Auf unser Beispiel bezogen, heißt das: Meinen Ärger, meine Enttäuschung, meine Auflehnung und meine Angst muß ich auflösen, bis ich demütig und aus Einsicht meine augenblickliche Situation annehmen kann.

   So denke ich im Augenblick:

   Ich bin verärgert und enttäuscht, weil ich mir durch eine kurze Unachtsamkeit das Bein gebrochen habe. Nun fällt die Urlaubsreise, auf die ich mich ein ganzes Jahr gefreut habe, ins Wasser. Die ganze Familie wird durch diesen Unfall belastet. Ich bin in meiner Beweglichkeit so sehr eingeschränkt, daß ich ständig die Hilfe der anderen beanspruchen muß. Das ärgert mich, ich bin enttäuscht! Wieso mußte mir so etwas passieren? Ich fühle mich benachteiligt, ja regelrecht bestraft. Wenn ich daran denke, wie lange es dauert, bis ich wieder richtig laufen kann, bekomme ich Angst.

   Wenn ich an die göttliche Schöpfungsordnung denke, dann weiß ich sofort, daß das gebrochene Bein nicht als Strafe zu sehen ist, sondern als ein Bote, ein guter Freund, der mich auf eine innere Unausgewogenheit hinweisen möchte. Das äußere Geschehen entspricht meiner inneren Verfassung. Durch das Symptom werde ich zum Innehalten gezwungen und auf meine seelische Disharmonie, die ich völig unbeachtet ließ, aufmerksam gemacht. Ich hatte mich selbst getäuscht, nun werde ich enttäuscht, um die Realität anzunehmen. Wenn ich diese Realität annehmen kann, dann wird auch mein Ärger überflüssig. Ich sehe ein, daß ich zu viel wollte und in vielem übertrieben handelte, so daß ich zum Innehalten gezwungen werden mußte. In dieser Einsicht kann ich meine Situation demütig annehmen. Ich möchte meinen Ehrgeiz zurücknehmen und daran denken, daß der Vater in mir die Werke tut. Ihm will ich auch jetzt all meine Ängste und Sorgen übergeben und mich ganz auf ihn verlassen.

Damit löst sich auch meine Angst auf. Ich bin wieder im Frieden, und ich fühle mich geborgen.

Der leidende Sohn ist somit reumütig heimgekehrt und wird vom Vater freudig aufgenommen und mit allem versorgt, was er zu seinem Wohlbefinden benötigt.

Einerseits ist es sehr hilfreich für uns, wenn wir durch unsere Symptome unser persönliches Unvermögen gezeigt bekommen, andererseits kann es uns aber auch Angst bereiten, wenn wir dieses innere Chaos entdecken. Wir sehen uns vor einem riesigen Berg unerledigter Aufgabenn dem wir uns nicht gewachsen fühlen, und resignieren leicht. Um dieses letzte Hindernis auch noch zu überwinden, schauen wir uns zum Schluß die Heilung eines Aussatzkranken an:

Als er vom Berg herabstieg, folgte ihm eine gewaltige Menschenmenge. Da geschah es, daß ein Aussatzkranker herzukam und sich mit den Worten auf die Knie warf: Herr, wenn du willst, kannst du mich heilen. Jesus berührte ihn mit der Hand und sprach: Ich will. Du sollst heil sein. Da verschwand der Aussatz.
(Matth. 8,1-3)

Unsere innere Disharmonie sagt uns, daß wir im Augenblick zu den seelisch Unreinen gehören. Durch Sorgen und Ängste, durch mißtrauische, neidische, eifersüchtige, verurteilende oder unversöhnliche Gedanken verunreinigen wir unsere Seele. Alles Negative, das sich in eine Menschenseele einschleichen kann, trennt uns von unserer wahren Bestimmung.

Nun wird uns durch den Heilungsbericht gesagt, daß wir nicht allein sind und Heilung von Gott erbitten können. Dabei kommt es vor allem auf die innere Haltung des Kranken an, damit Heilung geschehen kann. Der Hilfesuchende wirft sich zunächst auf die Knie. Für uns bedeutet das: Wir müssen uns unsere Ohnmacht und Machtlosigkeit eingestehen und uns demütig einer höheren Macht überlassen.

Durch die Worte des Kranken: „Herr, wenn du willst, kannst du mich gesund machen!" wird für uns seine innere Haltung deutlich erkennbar. Er glaubt daran, daß Gott ihn heilen kann. Im Evangelium hören wir immer wieder von Jesus, daß der Glaube geholfen hat. Andere Bibelstellen beschreiben noch genauer, worauf es ankommt:

Was heißt hier, wenn du kannst. – Wer Gott vertraut, dem ist alles möglich. (Mark. 9,23)

Glaubst du, daß ich dich heilen kann? Was du mir zutraust, soll geschehen! (Mt. 8,13)

Eindeutig hängt es von unserem Zutrauen ab, was durch uns in uns geschehen kann. Für uns stellt sich jedoch die Frage: Wie finden wir Kleingläubigen zu diesem großen Zutrauen?

Trachtet zuerst nach dem Reich Gottes, alles andere wird euch hinzugegeben,

wird uns im Evangelium gesagt. Oder anders übersetzt:

Setzt euch für die Herrschaft Gottes ein und für die Gerechtigkeit, die er will. Das übrige wird euch zufallen." (Matth. 6,33)

In der Übersetzung der „Guten Nachricht im Bild" wird der gleiche Text folgendermaßen formuliert:

Sorgt euch zuerst darum, daß ihr euch seiner Herrschaft unterstellt und tut, was er verlangt, dann wird er euch schon mit all dem anderen versorgen.

Um das Reich Gottes sollen wir uns zunächst kümmern und uns im Gebet oder in der Kontemplation die göttliche geistige Wirklichkeit bewußtmachen. Christus oder Gott ist mit seiner Stärke und Macht und mit allen heilenden Kräften in uns zugegen. Alles, was unsere Seele zum Heilwerden benötigt, ist also in ihr greifbar nahe da. Zu oft haben wir uns bisher für das Negative entschieden, und so wurden die guten Kräfte in uns immer mehr zurückgedrängt und verschüttet. Um heil zu werden, müssen sich nun die heilenden Kräfte wie Liebe, Frieden, Vertrauen und Geborgenheit in uns wieder durchsetzen und alles Ungute und Unreine auslöschen.

Die göttliche Liebe heilt und überwindet alles, in diesem Licht löst sich jede Finsternis auf. Und so können wir uns auch vorstellen, daß es für Gott kein Problem ist, uns mit seiner Liebe und seinem

Licht zu erfüllen. Wir müssen es ihm nur zutrauen, daß er uns heilen kann, und ihn darum bitten. Denn da wir von unserem Schöpfer mit einem freien Willen ausgestattet wurden, drängt er uns seine Macht und seine Liebe nicht auf. Er wartet geduldig und sehnsüchtig darauf, daß wir uns entscheiden, heimzukehren in seine Ordnung der Liebe. Sobald wir auf ihn zugehen, empfängt er uns mit offenen Armen, um unsere kranke Seele wieder mit allem zu versorgen, wonach sie sich zutiefst sehnt.

Sorgt euch zuerst darum, daß ihr euch seiner Herrschaft unterstellt und tut, was er verlangt, dann wird er euch schon mit all dem anderen versorgen.

Um heil zu werden, müssen wir bereit werden, uns der göttlichen Herrschaft zu unterstellen und alles zu tun, was die Liebe verlangt. Wir können nicht in unseren negativen Einstellungen verharren und nur darauf warten, daß Gott uns heilt. Ohne Rücksicht auf Verluste müssen wir uns der göttlichen Liebe demütig beugen und mit dem Wandel nicht nur einverstanden sein, sondern ihn von ganzem Herzen ersehnen. Und wir ahnen schon, daß uns dieser Kniefall unseres Herzens nicht leichtfallen wird. Es könnte sogar zur Ursache werden, weshalb das Heil unsere Seele nicht erreichen kann.

Aus diesem Grund werden wir aufgefordert:

Setzt euch für die Herrschaft Gottes ein und für die Gerechtigkeit, die er will. Das übrige wird euch zufallen."

Irgendwie müssen wir uns für die göttliche Herrschaft einsetzen. Für alles, was wir hoch schätzen und wertvoll finden, setzen wir uns gerne ein. Selbst dann wenn dieser Einsatz Opfer von uns verlangt, fühlen wir uns innerlich dazu berufen. Ist uns die göttliche

Wahrheit und Ordnung nicht so viel wert, daß wir uns zu diesem inneren Einsatz gedrängt fühlen?

Wenn wir uns für einen Menschen einsetzen, dann tun wir es oft sehr beherzt, weil der andere in dem einen Fall bedürftig ist und Hilfe braucht oder weil wir das Gefühl haben, daß er mit seiner Ansicht richtig liegt und Recht bekommen sollte. Ganz gleich welche Gründe für unseren Einsatz vorliegen, wir spielen dabei gewissermaßen eine Heldenrolle. Denn wir sind die Hilfegebenden und die Unterstützenden, was den anderen und uns selbst aufbaut.

Gott gegenüber sind wir nun in einer ganz anderen Position. Hier werden wir gefordert, uns zugunsten seiner Herrschaft zurückzunehmen. Und das ist wohl das Schwierige an der ganzen Sache. Denn wir müssen unsere Eigenwilligkeit und Eigenmächtigkeit aufgeben und sagen: Dein Wille geschehe. So manche Ansichten und Gewohnheiten müßten wir loslassen, um zu sagen: Deine Liebe geschehe. Sind wir dazu wirklich bereit?

Haltet fest, was ich sage: Wollte das Weizenkorn sich schonen, so bliebe es einsam, bis es verbraucht ist. Wenn es dagegen in die Erde fällt und stirbt, entsteht viel Frucht aus ihm. (Joh. 12,24)

Zuerst müssen wir bereit sein, mit unseren Willen und unseren Ansichten zu sterben, um uns vorbehaltlos der göttlichen Herrschaft zu beugen. Dann erst tritt Gott für uns ein. Darin liegt aber das Problem für uns.

Wenn wir jedoch erkennen, daß eine Zurücknahme unsererseits nur zu unserem Vorteil ist und wir dabei gewinnen, dann sind wir sicher eher geneigt, uns darauf einzulassen. Wir sollen uns nicht beugen, um erniedrigt zu werden, sondern genau das Gegenteil trifft ein. Denn wenn wir uns Gott gegenüber freiwillig erniedrigen, werden wir erhoben. Sorge und Verurteilung geben wir auf, und wir bekommen Friede, Freude und Freiheit dafür geschenkt. Wir sterben und wir werden mit wundervollem Leben belohnt. Der leidende Sohn kehrt durch die Kapitulation seiner Widerstände und Ansichten in das Vaterhaus zurück.

„Herr, wenn du willst, kannst du unsere Seele gesund machen," dessen sind wir uns nun ganz gewiß. Und seine Antwort lautet auch heute noch:

„Ich will. Du sollst heil sein."

Für uns ist es nun wiederum wichtig, daß wir seinen Worten glauben. Bedenken wir doch das Größenverhältnis zwischen Gott und uns. Nicht mehr als ein Wassertropfen sind wir, wenn Gott der Ozean ist. In diesem Verhältnis steht unsere Kraft zu seiner Macht. Darüber sollten wir längere Zeit nachdenken, bis wir wissen, daß Gott wirklich nichts unmöglich ist und daß ihm kein Problem zu groß ist. Auch dann, wenn wir keine Lösung erkennen können. Wenn wir außerdem an seine unvorstellbare Güte denken und an seine Worte:"*Ja, ich will, sei heil,*" dann können wir ihm sicher unser volles Vertrauen schenken. Und so viel wir ihm zutrauen, so viel kann er für uns tun.

> *Kommt her zu mir alle, die ihr müde seid und ermattet von übermäßiger Last. Aufatmen sollt ihr und frei sein. Dient Gott, wie ich ihm diene, ich will es euch lehren.*
>
> *Aufatmen sollt ihr, denn Gott zu dienen wie ich, ist schön, und leicht ist die Last, die der Glaube euch nachträgt.*
> (Matth. 11,28-30)

Ob wir unsere Last wirklich übergeben haben, das können wir an unseren Gefühlen leicht überprüfen.

Können wir tatsächlich vor Erleichterung aufatmen, weil wir uns von einer schweren Last befreit fühlen?
Haben wir auch die Gewißheit, daß uns nun geholfen wird?
Ist uns seine Hilfe so sicher, daß wir jetzt schon danken können?
Auch an unseren Erwartungen können wir unser Zutrauen überprüfen. Erwarten wir mehr von Gott als von uns selbst? Oder sind wir zaghaft und zurückhaltend in bezug auf seine Unterstützung? Was wir ihm zutrauen, das kann geschehen. Wieviel Macht und wieviel Barmherzigkeit trauen wir ihm zu? Ist unser Vertrauen so groß, daß wir uns sicher und geborgen fühlen?

Mehr als zuvor sollten wir uns in diesen Situationen um das Reich Gottes kümmern und uns so lange für seine Herrschaft einsetzen, bis alle Zweifel überwunden sind. Dann kann und wird Heilung geschehen.
Denn sein Wille ist: *Sei heil!*

Mit dieser Kurzfassung des theoretischen Teils habe ich versucht, einen möglichen Heilungsweg aufzuzeigen, der vielleicht einfach erscheint, aber in der praktischen Ausführung nicht leicht ist. Unermüdliches Bemühen ist dazu notwendig. Die Schwierigkeit liegt dabei weniger auf der Körperebene (auch MS-Kranke im Rollstuhl konnten auf diesem Wege Heilung erfahren), vielmehr spielt die seelisch-geistige Verfassung der Betroffenen eine Rolle. So fällt es zielstrebigen Menschen sehr viel leichter, etwas zu verändern, als denjenigen, die gerne ausweichen, sehr schnell aufgeben und leicht resignieren. Es bedarf der Beständigkeit und sehr viel Geduld mit sich selbst, wenn wir schrittweise daran gehen, unsere Vermeidungshaltung, unsere Kontrolle oder unsere Pseudosicherheit loszulassen. Bei dieser Aufgabe kommt es darauf an, wie ernst und wie wichtig wir den Ruf unserer Seele nehmen und ob wir bereit sind, uns wirklich auf den Veränderungsprozeß einzulassen.

Bei der Symptomdeutung werden wir bemerken, daß wir in einem Arbeitsgang selten den ganzen Hintergrund erkennen. Wir erfahren gerade so viel, wie wir für die nächste Zeit verarbeiten und umsetzen können. Darum sollten wir bei unserer Symptombearbeitung das gleiche Symptom mehrmals angehen und es jeweils aus einem anderen Blickwinkel heraus betrachten. Die Hintergründe sind meistens vielschichtiger und umfassender, als wir meinen. (Die aufgeführten Ausarbeitungen der Betroffenen sind meistens in mehreren Arbeitsgängen an verschiedenen Tagen entstanden.)

In einem gewissen Krankheitsstadium jedoch wird der Betroffene mit dieser Arbeit an sich selbst völlig überfordert sein. Das aber regelt sich ganz von selbst. Nur diejenigen, die für diese Herausforderung einen Aufruf und einen gewissen Anreiz in sich verspüren, werden sich dafür öffnen und sich neugierig auf den Weg machen. Wenn der Anstoß nicht aus dem Kranken selbst kommt, dann bedarf er dieser Schutzmaßnahme. Das sollten insbesondere die enttäuschten und oft ehrgeizigen Angehörigen bedenken.

Natürlich gibt es zu diesem Heilungsweg, der für alle Krankheiten gilt, noch sehr viel mehr zu sagen. Eine ausführliche Beschreibung über den Weg der inneren Konflikt-und Problembewältigung, wie er vom Evangelium her gedacht ist, finden Sie in meinem Buch *Siehe, ich bin bei euch!,* im Ch.Falk-Verlag erschienen. In dieser verkürzten Form soll insbesondere durch die ausführlichen Symptomdeutungen auf die Heilungsmöglichkeit für MS-Kranke hingewiesen werden. Für dieses Anliegen haben mir zehn MS-Betroffene ihre persönlichen Ausarbeitungen zur Veröffentlichung bereitwillig zur Verfügung gestellt, wofür ich allen an dieser Stelle herzlich danke.

Für den, der sich in der praktischen Ausführung üben will, biete ich außerdem Seminare an, ganz gleich, welcher Art die Krankheit und die Probleme sind. Anfragen dafür an folgende Adresse (bitte nur schriftlich):

Christa Schneider
Am Mühlenwäldchen 46
D-66386 St.Ingbert

Zum Abschluß noch den Bericht einer jungen Mutter:

Nachdem meine MS vor etwa fünf Jahren ausbrach, kam ich ziemlich bald mit dem Ideengut der Symptomdeutung in Berührung. Ich begriff, daß dies der einzige gangbare Weg der Genesung sein konnte, und ich versuche seit jener Zeit meine Krankheit als meinen Weg zu sehen und diesen Weg konsequent zu gehen.

Damals war mein Ziel die Gesundheit und die Vermeidung von Leid. Heute, wo mich mein Lebensweg in ganz neue und für mich früher unvorstellbare Gefilde führte, hat das Leid nicht aufgehört – im Gegenteil, es bekam neue Dimensionen-, jedoch meine Einstellung zum Leid hat sich radikal geändert. Und längst geht es mir nicht mehr ausschließlich um Gesundheit. Diese ist vielleicht ein angenehmer Nebeneffekt des eigenen Entwicklungsweges, den man als Weg der Selbsterkenntnis beschreiben kann.

Bei mir führt er nicht selten in ungeahnte Tiefen und zu Tiefpunkten. Bei jedem Schub muß ich etwas opfern, um das Ruder der Krankheit herumzureißen. Wie in einem sinkenden Fesselballon muß ich Ballast abwerfen, und um zu erkennen, welcher Art der Ballast ist, hilft mir die Symptomdeutung. Und so warf ich einmal meinen Beruf über Bord, ein andermal meinen Ehrgeiz, das nächstemal Erwartungen an meinen Partner, und so ging es fort, Wünsche, Ziele, Tugenden, Untugenden, Vorstellungen, Denkweisen; der Ballon wurde immer leichter.

Doch als ich glaubte, ich hätte es geschafft, da sackte ich am tiefsten ab. Ich geriet nach einem Schub in eine tiefe Resignation. Mein ganzes Leben erschien mir als sinnlos. Ich sah nichts mehr, was ich loslassen konnte, und mein Lebensweg schien mir ohne jede Perspektive. Ich wußte nicht mehr, aus welcher Kraft heraus ich leben sollte. Ich hatte nichts mehr zu verlieren, und so verlieh mir die Verzweiflung den Mut, mich selber fallen zu lassen. Und ich glaube im Nachhinein, daß dies der eigentliche Wendepunkt war, weil ich eine Kraft spürte, die mehr war als ich und die in dem Augenblick, als ich offen für sie war, mir zufloß und in mir Vertrauen weckte. Ich nenne es Gottvertrauen, das mich aus diesem tiefsten Tal hinausleitete.

Seitdem weiß ich, daß in meinem Leben alles einen Sinn hat, besonders das Leid. Und wenn ich diesen Sinn nicht sofort erkenne, so bin ich sicher, daß mein Schicksal, mein Schutzengel um ihn wissen und mich dorthin führen werden. Dieses Vertrauen schenkt mir die Gelassenheit, Widerstände aufzugeben. Ich muß nicht mehr kämpfen.

Daß ich nicht vom Leid verschont bleibe, mußte ich auf sehr schmerzliche Weise erfahren. Wie ich am Anfang erwähnte, bekam das Leid neue Dimensionen. War es bisher so, daß es aus meiner Krankheit entstand, so trat es jetzt von außen an mich heran. Ich erlebte die schmerzlichste Erfahrung, die eine Mutter machen kann, nämlich den Tod eines Kindes. Der Schmerz ist nun ein Teil meines Herzens, er ist dort wie ein kostbarer Schatz, den ich hüten muß, und ich werde in meinem Leben alle Tränen weinen müssen, die ich besitze. Doch ich weiß, daß alle meine Tränen zu Perlen werden, mit denen mein Sohn spielen kann, dort wo er jetzt ist.

Daß der Weg in große Freude führt, durfte ich fast zur gleichen Zeit erfahren. Ich machte die freudvollste Erfahrung, die eine Mutter machen kann, nämlich die glückliche Geburt eines Kindes. Und mit meiner Tochter werde ich wieder lachen können. Und so werden der Schmerz und die Freude nie aufhören, gleich dem Leben selbst. Ich versuche mein Herz weit zu machen, damit beides darin Platz hat und um beides in Demut und Dankbarkeit anzunehmen. Und ich spüre, daß an den Berührungspunkten beider Gefühle etwas Neues entsteht, nämlich Liebe.

Trotz der Trauer und den schweren Belastungen blieb ich gesundheitlich stabil, weil ich täglich versuche, die Widerstände gegen das Leid abzubauen. Früher war ich nicht belastbar und reagierte schon in geringen Streßsituationen mit Symptomen, die mir sagen wollten, daß ich aus der göttlichen Ordnung gefallen war. Die Symptome wollen mich immer zu mir selbst führen, damit ich so werde, wie ich werden soll.

Lesen Sie auch von
Christa Schneider

Ich bin ein glückliches Gotteskind
ISBN 3-924161-17-8

Siehe, ich bin bei euch!
ISBN 3-89568-020-6

erschienen im
ch.-falk-verlag